BYWYD
BLODWEN JONES

BETHAN GWANAS

Gomer

Argraffiad cyntaf – 1999
Adargraffwyd – 2000, 2001, 2004, 2006, 2007, 2012,
2013, 2014, 2016

ISBN 978 1 85902 759 2

Cyhoeddwyd dan gynllun comisiynu
Cyngor Llyfrau Cymru.

Dymuna'r cyhoeddwyr gydnabod cymorth
Cyngor Llyfrau Cymru.

Argraffwyd yng Nghymru gan
Wasg Gomer, Llandysul, Ceredigion

BYRFODDAU

eg	enw gwrywaidd
eb	enw benywaidd
eg	enw gwrywaidd neu enw benywaidd
ll	lluosog
GC	gair sy'n cael ei ddefnyddio yng Ngogledd Cymru
DC	gair sy'n cael ei ddefnyddio yn Ne Cymru
1	edrychwch ar y nodiadau yng nghefn y llyfr

Chwefror 9fed Nos Fercher

Diwrnod cynta dyddiadur Cymraeg Blodwen Jones.

Mae'r tiwtor Cymraeg, Llew (hyfryd hyfryd) Morgan wedi gofyn i bawb gadw dyddiadur. Felly dyma fi, a dyma fo. Dwedodd Llew ei fod o'n syniad da. Dw i'n cytuno. Bydd cadw dyddiadur yn gwella fy iaith i, ac yn gwneud i mi feddwl yn Gymraeg. Gobeithio.

Iawn, felly helô Ddyddiadur!

Ym . . . dw i ddim yn siŵr iawn beth i sgwennu rŵan.

Beth am gyflwyno fy hunan?

Enw:	Blodwen Jones
Oed:	38
Taldra:	5'9'
Pwysau:	Preifat!
	Dibriod.
Cyfeiriad:	Rose Cottage – ond dw i'n mynd i newid yr enw i
	'Y Bwthyn'
	Rachub
	Ger Bethesda
	Gwynedd
Gwaith:	Llyfrgellydd
Diddordebau:	Llyfrau (wrth gwrs), teithio, Llew Morgan.

---

sgwennu (GC)	*ysgrifennu,* to write	*pwysau (eg)*	weight
rŵan (GC)	*nawr (DC)*	*bwthyn (eg)*	cottage
cyflwyno	to introduce	*llyfrgellydd (eg)*	librarian

> *Dymuniadau* dysgu Cymraeg yn iawn, tyfu fy
> *ar gyfer eleni*: llysiau fy hunan, newid fy swydd i,
> bachu (dw i'n hoffi'r gair 'na!) Llew
> Morgan.

Dw i newydd feddwl – gobeithio na fydd Llew eisiau darllen y dyddiaduron . . .

Iawn, beth ddigwyddodd heddiw? Dim llawer. Codais i am 8.00 fel arfer, rhoais i fwyd i'r gath a ches i frecwast. Ond roedd y llefrith *off*. Dw i newydd chwilio yn y geiriadur – 'wedi troi' ydi'r term cywir. Ond roedd y llefrith wedi troi, felly roedd y te fel cawl efo croûtons caws. Ych a fi. Felly bwytais i fy *Weetabix* yn sych. Doedd dim post.

Es i i'r gwaith yn y Llyfrgell erbyn 9.00. Roedd llawer o bost yno ond dim byd diddorol.

Ces i frechdan gaws a phicl i ginio.

Ceisiais i ffonio dyn sy'n cadw geifr, ond ches i ddim ateb. O, mae'n ddrwg gen i, mae'n rhaid i mi egluro: dw i eisiau prynu gafr. Pam? Pam ddim? Dw i eisiau gallu byw yn dda, fel Felicity Kendal yn *The Good Life*. Dyna pam dw i wedi prynu hadau: ffa, moron, tatws, nionod a bresych. A dw i wedi prynu llyfr *Grow Your Own Vegetables*. Dw i'n edrych ymlaen! A bydd gafr yn

---

dymuniadau (ll)	wishes
ar gyfer	for
bachu	to hook
newydd	just
llefrith (GC) (eg)	*llaeth* (DC)
term cywir (eg)	correct term
geifr (ll)	goats
egluro	to explain

hadau (ll)	seeds
ffa (ll)	beans
moron (ll)	carrots
nionod (ll) (GC)	onions,
	winwns (DC)
bresych (ll)	cabbages
edrych ymlaen	to look forward

bwyta'r gwair i gyd, felly fydd dim angen prynu peiriant torri gwair. Dw *i* ddim yn ddwl!

Ro'n i adre erbyn 6.00. Prynais i flawd yn *Spar* yn gynta. Dw i eisiau pobi fy mara fy hunan hefyd, ond ddim heno. Heno, es i i'r wers Gymraeg. Dw i'n mynd bob nos Lun a nos Fercher, a dw i wrth fy modd yno.

Dim ond chwech o bobl oedd yn y dosbarth heno. Mae Andrew yn sâl. Da iawn. Mae o'n boen yn y pen ôl. Roedd Llew yn edrych yn hyfryd fel arfer, yn rhywiol iawn mewn trowsus du, crys-T gwyn a chrys du. Ro'n i'n gallu gweld fy wyneb yn ei esgidiau fo. Mae o'n ddyn mor daclus, mor lân bob amser. Mae ei wallt brown o'n cyrlio dros ei goler, a does dim *dandruff* gynno fo (I can't be bothered to look that up) o gwbl. O, mae'n well i mi gael golwg yn y geiriadur. Wel! Y gair Cymraeg am *dandruff* ydi 'cen'. Cen! Wel, dw i'n tynnu yr enw 'na allan o fy rhestr enwau babis i'n syth (dw i'n byw mewn gobaith). Sut all rhywun alw eu mab yn *dandruff*?

Ond yn ôl at Llew: mae ei lygaid o'n las fel awyr Mehefin (Hah! Impressive or what!) ac mae o fel Richard Gere weithiau. Wel, fel Richard Gere henach.

Dw i mewn cariad efo fo – ers y diwrnod cynta. Dw i'n toddi pan dw i'n clywed ei lais. Mae o fel Richard Burton wedi bwyta mêl. Mae gynno fo lais cryf, cyfoethog ond meddal hefyd. Dw i'n mynd yn boeth

gwair (eg)	grass	*pen ôl (eg)*	backside
i gyd	all	*rhywiol*	sexy
angen (eg)	need	*taclus*	tidy
dwl	daft	*cael golwg yn*	to have a look in
blawd (eg)	flour	*awyr (eb)*	sky
pobi	to bake	*toddi*	to melt

wrth feddwl amdano fo! Dw i eisiau gyrru cerdyn Ffolant ato fo, ond dw i'n rhy hen i bethau felly. Beth bynnag, dw i ddim yn gwybod ei gyfeiriad – eto.

Dyna ddigon am heno. Dw i'n mwynhau cadw'r dyddiadur ma. Nos da.

Chwefror 10fed Nos Iau

Diwrnod diflas. Daeth 3 o bobl i'r Llyfrgell heddiw. Doedd neb eisiau siarad, fel arfer. Dw i'n dweud 'Helô', maen nhw'n dweud 'Helô' yn ôl, a dyna ni. Mae'n anodd dysgu siarad Cymraeg mewn llyfrgell. Dw i'n gallu darllen, wrth gwrs, ond dw i wedi cael *enough*. Digon? Oes gair gwell? Ble mae'r geiriadur? A! 'llond bol!' Dw i'n hoffi hynny. *A bellyful*. Ie, dw i wedi cael llond bol o weithio efo llyfrau. Dw i'n gweld llyfrau pan dw i'n cysgu weithiau. Llyfrau mawr hyll efo dannedd melyn. A dw i hefyd wedi cael llond bol o ddarganfod condomau yn y llyfrau. Mae pobl yn defnyddio pethau rhyfedd iawn fel llyfrnodau (dyna ydi *bookmarks* meddai Llew) – ond condomau? Pam? Dw i ddim eisiau meddwl. Dw i ddim yn cofio beth ydi rhyw.

Weithiau, mae pobl yn defnyddio llythyrau fel llyfrnodau. Dw i'n gwybod bod y llythyrau 'ma'n breifat, a ddylwn i ddim eu darllen nhw, ond . . . mae'n anodd peidio weithiau. Yn aml, maen nhw'n ddiflas, ond weithiau maen nhw'n sbeisi! Ond mae rhai yn drist iawn iawn. Mae cymaint o bobl drist yn y byd.

---

gyrru	to send	*darganfod*	to discover
cerdyn Ffolant	Valentine's card	*rhyw (egb)*	sex
pethau felly (ll)	such things	*cymaint*	so many

Mae'n rhaid i mi gael swydd newydd. Ond pa swydd? Rhaid i mi benderfynu. Ond ddim heddiw. Dw i wedi blino, ac wedi gwylltio. Ceisiais i bobi bara, ac mae o wedi llosgi. Pam roedd o wedi llosgi? Ffoniodd Mam a siarad am awr. Mae Mam yn boen mawr yn y pen ôl.

Chwefror 11eg. Nos Wener.
Ffoniais i'r dyn geifr, a dw i'n mynd yno fory i ddewis gafr. Dw i'n edrych ymlaen. A heno, ar ôl y gwaith, plannais i rai o'r hadau. Mae hi braidd yn gynnar; mae'n dweud Mawrth neu Ebrill ar y paced, ond do'n i ddim yn medru aros! Prynais i fara o Spar. Mae arogl llosgi drwy'r tŷ ar ôl neithiwr, a dw i ddim yn teimlo fel pobi.

Mae rhaid i mi fynd i'r dafarn cyn hir. Dw i'n byw yma ers chwe mis, ac yn nabod neb, dim ond y dosbarth Cymraeg a staff y Llyfrgell. Wrth gwrs, roedd rhaid i mi brynu bwthyn ar ei ben ei hunan yn bell o bobman. Dw i'n meddwl y basai tŷ teras wedi bod yn syniad gwell. O wel, mae'n rhy hwyr rŵan. Ond mae'r syniad o gerdded i mewn i dafarn ar fy mhen fy hunan yn codi ofn arna i. Aha! Beth am ofyn i Llew ddod efo fi? Dyna ni, dw i am ofyn iddo fo nos Lun. Noson Sain Ffolant! O diar, dw i'n boeth eto. Dydi hynny ddim yn beth drwg, mae'r tŷ 'ma mor oer.

Dw i wedi penderfynu prynu teledu. Ro'n i eisiau byw heb y bocs yn y gornel, ond mae hi mor anodd. Ar

---

gwylltio	to be angry	*arogl (eg)*	smell
plannu	to plant	*ar ei ben ei hunan*	on its own
braidd	somewhat	*o bobman*	from everywhere

11

ôl chwe mis, dw i wedi cael llond bol. Ac wrth gwrs, bydd gwylio S4C yn gwella fy Nghymraeg.

Chwefror 13eg Nos Sul.

Penwythnos diflas iawn. Glaw, glaw a mwy o law. Dw i'n credu bod fy hadau wedi boddi. Efallai y basai'n well i mi geisio tyfu reis.

Ond ces i hwyl yn ceisio dewis gafr. Roedd y dyn yn byw ar fferm ym Mhen Llŷn, ac ro'n i wedi anghofio'r map yn y tŷ. Dw i'n nabod Pen Llŷn yn dda iawn erbyn hyn, dw i'n credu fy mod i wedi gyrru ar hyd pob ffordd fach gul yn y lle. Dwedodd y dyn fod eisiau awr i gyrraedd yno, ond ar ôl tair awr ro'n i ar goll yn llwyr ac yn mynd drwy Abersoch am y trydydd tro. Hefyd, dw i'n credu bod pob tractor yng Ngogledd Cymru wedi penderfynu mynd i Ben Llŷn yr un diwrnod â fi. Dw i ddim yn hoffi traffyrdd, maen nhw'n ddrwg i'r amgylchfyd, ond dydd Sadwrn ro'n i'n gweddïo am weld un rhwng Pwllheli ac Aberdaron, un fawr.

Erbyn cyrraedd y fferm, ro'n i'n flin ac yn ofnadwy o boeth, ond roedd Mr Tyler yn neis iawn. Nid Cymro ydi Mr Tyler; ychydig iawn o ffermwyr Cymraeg sy'n cadw geifr. Dw i ddim yn siŵr pam. Efallai eu bod nhw'n fwy anodd i'w cneifio. Ond ar ôl paned o de

---

boddi	to drown	*traffyrdd (ll)*	motorways
Pen Llŷn	Llŷn Peninsula	*amgylchfyd (eg)*	environment
erbyn hyn	by now	*gweddïo*	to pray
ar hyd	along	*blin*	irritable
cul	narrow	*ychydig iawn*	very few
yn llwyr	completely	*cneifio*	to shear
yr un	the same		

chamomile a theisen foron sych dros ben, a sgwrs am y tywydd, ces i weld y geifr.

Roedd gynno fo chwech o fyn geifr mewn cae wrth y tŷ, ac ro'n nhw'n hyfryd. Ro'n i wedi syrthio mewn cariad yn syth, ond efo'r chwech, yn anffodus. Yn y diwedd, dewisais i'r myn gwyn. Oherwydd ei lliw, bydd hi'n hawdd ei gweld hi yn y tywyllwch. Bydd Mr Tyler yn dod â hi yma yr wythnos nesa, a dyna pryd dewisa i enw iddi hi. Dw i eisiau enw Cymraeg traddodiadol – rhywbeth fel Myfanwy neu Gwenhwyfar. Ond dw i ddim yn siŵr fydd enw fel 'na yn siwtio gafr. Cawn ni weld.

Es i ddim allan nos Sadwrn, am unwaith. Ho ho, dw i mor ddigri. Arhosais i i mewn i ddarllen *Captain Corelli's Mandolin* unwaith eto. Dw i'n addoli'r llyfr na. Gallwn i briodi Louis de Bernieres. Tybed ydi Llew yn ysgrifennu? Dw i'n siŵr ei fod o. Mae'n edrych fel nofelydd, yn sensitif a breuddwydiol. Ond does gynno fo ddim cen, ac mae cen gwael iawn gan bob nofelydd dw i wedi weld. Bydd rhaid i mi ofyn iddo fo yn y dosbarth nos fory. Hynny ydi, bydd rhaid i mi ofyn iddo fo ydi o'n sgwennu – nid oes gynno fo broblem cen.

Chwefror 14eg Nos Lun
Ydi, mae o'n sgwennu – ond barddoniaeth! Gwell fyth! Mae rhywbeth mor rhamantus am fod yn fardd. Ond doedd Andrew, y poen yn y pen ôl, ddim yn credu hynny.

---

sych dros ben	extremely dry	*gallwn i*	I could
myn (eg)	kid (young goat)	*tybed*	I wonder
syrthio	to fall	*breuddwydiol*	dreamy
traddodiadol	traditional	*hynny ydi*	that is to say
digri	amusing	*gwell fyth*	better still
addoli	to worship		

'Felly rwyt ti'n *poet*? gofynnodd o, gan dorri ar fy nhraws i.

'Bardd, ydw, o fath,' atebodd Llew yn ei lais melfedaidd.

'Wyt ti wedi – ym . . . what's "publish"?'

'Cyhoeddi. Nac ydw.'

'Pam rwyt ti'n dweud dy fod ti'n *poet* – sori – bard then?'

'Bardd.'

'Yeah, that's what I said. Bard.' Mae Cymraeg Andrew'n ofnadwy, mae o mor ddiog, a dydi o byth yn ceisio gwella ei acen. Mae ei acen Brummy yn gwneud i'w Gymraeg swnio'n rhyfedd iawn. Ro'n i'n dechrau gwylltio, ond roedd Llew yn gwenu.

'Oes rhaid cyhoeddi i fod yn fardd, Andrew?'

'Wel, yeah, oes.' Mae Andrew yn gallu bod mor ddigywilydd. Ond roedd Llew yn dal i wenu.

'Dw i'n cystadlu – *compete* – cystadlu weithiau, efo'r tîm Talwrn y Beirdd lleol.' Edrychodd pawb arno fo'n syn, felly ceisiodd o egluro'r rheolau, ond roedd o'n swnio'n gymhleth. Roedd y rheolau'n rhy gymhleth i dwpsyn fel Andrew beth bynnag.

'So, let's get this straight, rwyt ti'n gwneud barfoniaeff mewn hanner awr ac wedyn mae'r dyn ma'n cymryd y piss ohonot ti?'

'Wel, ddim yn union . . .' Ond doedd dim pwynt

---

torri ar draws	to interrupt	*Talwrn y Beirdd*	poetic contest
o fath	of sorts	*syn*	amazed
melfedaidd	velvet like	*cymhleth*	complicated
mor ddigywilydd	so shameless	*beth bynnag*	anyway
dal i	still	*yn union*	exactly

ceisio egluro mwy wrth Andrew. Llew druan. Penderfynais i ei achub o.

'Dw i wedi clywed *Talwrn y Beirdd* ar Radio Cymru, Llew.'

'Wyt ti, Blodwen? (O, dw i'n hoffi'r ffordd mae'n dweud fy enw). Chwarae teg i ti. O't ti'n ei ddeall o?' Roedd rhaid i mi fod yn onest.

'Nac o'n, ddim llawer. Gormod o eiriau ym . . . dieithr, ond roedd o'n def – ddefnyddiol iawn i ymarfer fy rhifau.' Edrychodd Llew arna i'n od.

'Rhifau?'

'Ie, y sgorio.'

'O, wrth gwrs. Da iawn ti, Blodwen.' (Dw i'n credu ei fod o'n hoffi dweud fy enw i hefyd.)

Ro'n i'n siŵr y basai Llew yn hoffi dod i'r dafarn efo fi. Wel, fi ydi'r un orau yn y dosbarth. Felly, ar ddiwedd y wers, chwiliais i am gyfle i gael gair tawel efo fo, ond roedd hi'n anodd gan fod Andrew wrth ei ochr o fel glud. Sut mae gofyn i ddyn ddod allan efo fi heb swnio fel taswn i'n gofyn iddo fo ddod allan efo fi? Chwiliais i am y geiriau cywir. Mae'n rhaid bod Llew wedi sylwi.

'Wyt ti isio rhywbeth, Blodwen?' gofynnodd o. Dyma fy nghyfle. Anadlais i'n ddwfn.

'Ym . . . wel, ro'n i'n meddwl mynd am hanner bach i'r dafarn –'

---

achub	to save	*fel petawn*	as if I were
dieithr	unfamiliar	*i'n gofyn*[3]	asking
cyfle (eg)	opportunity	*sylwi*	to notice
glud (eg)	glue	*anadlu*	to breathe
		yn ddwfn	deeply

'Syniad da!' meddai Andrew fel mellten. 'I'll come efo ti, Blod!' Mae'n gas gen i gael fy ngalw'n 'Blod.' Do'n i ddim yn gwybod beth i'w ddweud. Edrychais i'n galed ar Andrew, ond mae gynno fo groen fel eliffant.

'Iawn,' meddwn i. 'Beth amdanat ti, Llew? Wyt ti am ddod hefyd?'

'Wel . . .' meddai fo'n araf. O na, plîs paid â fy ngadael i efo Andrew. Edrychodd Llew ar ei wats. 'Wel . . .' meddai fo eto, 'un peint bach sydyn ta.'

Diolch diolch diolch.

Roedd y George yn wag, ar wahân i hen ddyn wrth y bar, efo ci mawr du wrth ei draed.

'Pryna i hon,' meddai Andrew. 'Beth rwyt ti'n yfed, Blod?'

Mae'r dyn yn mynd ar fy nerfau i. Es i a Llew i eistedd wrth y ffenest. O'r diwedd, cyfle i fod yn agos ato fo. Roedd lle i ddau ar y fainc, felly eisteddais i yno, a gwasgu fy hunan i'r ochr. Ond eistedd yn y gadair gyferbyn wnaeth o. O wel.

'Wyt ti'n dod yma'n aml?' gofynnais i. O *god*, ddwedais i hynny? Gwenodd Llew.

'Nac ydw, wyt ti?'

'Nac ydw. Mae gormod o ofn arna i.' Edrychodd Llew arna i'n od.

'Ofn beth?'

'Mynd i mewn i dafarn ar fy mhen fy hunan.' O, dw i'n swnio mor druenus.

---

meddai Andrew[2]	Andrew said	*ar wahân i*	except for
mellten (eb)	a bolt of lightning	*mainc (eb)*	bench
mae'n gas gen i[1]	I hate	*gwasgu*	to squeeze
croen (eg)	skin	*truenus*	pitiful
ta (GC)	then, *te* (DC)		

'O, dw i'n gweld. Bydd rhaid i ni ddod o hyd i ddyn i ti felly!' O bydd, a dw i'n gwybod pa ddyn dw i eisiau. Ceisiais i roi fy neges iddo fo efo fy llygaid, fel maen nhw'n wneud mewn ffilmiau.

'Wyt ti'n iawn, Blodwen? Rwyt ti'n edrych yn rhyfedd.' Mae'n rhaid fy mod i wedi ceisio'n rhy galed. Efallai y basai'n syniad da i newid y pwnc.

'Am beth rwyt ti'n barddoni?' gofynnais i iddo fo.

'O, dim byd mawr.'

'Dy gariad?' gofynnais i wedyn, 'Wel, mae rhaid i mi wybod a oes gen i gystadleuaeth.'

Chwarddodd Llew, a chrafu ei glust. Oedd o wedi cochi? Roedd o'n edrych yn binc beth bynnag.

'Dw i'n sgwennu am gariad weithiau, fy nghariad at fy iaith, fy ngwlad, fy mab . . .' Ei fab?!

'Dy fab?' gofynnais i. 'Do'n i ddim yn gwybod dy fod ti'n briod!'

'Wedi ysgaru,' meddai fo, '*divorced*.'

'Dw i'n gwybod,' meddwn i.

'Pam rwyt ti'n gofyn felly?' gofynnodd o mewn llais caled.

'Na! Dw i'n gwybod mai "*divorce*" ydi ysgaru,' eglurais i. Dechreuodd o chwerthin, diolch byth. Ro'n i eisiau holi mwy, ond cyrhaeddodd Andrew efo'r gwydrau a chreision caws a nionod.

'Dydi'r barman ddim yn neis iawn,' meddai fo wrth roi'r gwydrau ar y bwrdd. 'Slamiodd o fy mhres i ar y bar ac edrych . . . yn – what's "*dirty look*"?'

pwnc (eg)	subject	*mai*	that, *taw* (DC)
barddoni	to compose poetry	*holi*	to enquire
chwarddodd Llew	Llew laughed	*gwydrau (ll)*	glasses
crafu	to scratch	*creision (ll)*	crisps
cochi	to blush	*pres (GC) (eg)*	arian

17

'Edrych yn gas, edrych yn frwnt?' cynigiodd Llew, 'ond mae hynny'n rhyfedd iawn, mae Idwal yn ddyn annwyl iawn fel arfer. Beth ddwedaist ti wrtho fo?'

'Dim byd,' meddai Andrew. '*Honestly*, dim ond gofyn am ddau beint o lager a hanner seidar – o, a phecyn creision.' Fel dwedais i o'r blaen, mae acen Andrew yn rhyfedd iawn, a dechreuais i a Llew chwerthin.

'What? What did I say?' gofynnodd Andrew druan.

Es i i'r lle chwech gan adael Llew yn dysgu Andrew sut i ddweud 'pecyn' a 'phecyn' yn iawn.

Pan ddes i'n ôl, ro'n nhw'n chwerthin.

'Pam dych chi'n chwerthin?' gofynnais i.

'Mae Llew wedi cael cerdyn Ffolant drwg iawn heddiw!' meddai Andrew.

'O,' meddwn i, 'gan bwy?'

'Dw i ddim yn gwybod,' atebodd Llew efo gwên. 'Wnest ti-?'

'Fi?' Es i'n goch, naddo, yn biws. 'Na, ddim fi – wnes i ddim gyrru cerdyn at neb!' Ro'n i'n siarad fel AK47. Sylwais i fod y ddau yn edrych arna i'n rhyfedd iawn.

'Na,' meddai Llew yn araf. 'Wnest ti ddim gadael i mi orffen. Ro'n i'n mynd i ofyn wyt ti wedi cael cerdyn Ffolant.' O diar.

'O. Dw i'n gweld,' meddwn i, 'nac ydw. Dim byd.'

'Na fi,' meddai Andrew. 'Dyma ni – tri sad *bastard*!' Roedd o'n chwerthin fel *hyena*; ro'n i'n gallu gweld ei *fillings* i gyd. 'Beth ydi *sad bastards* yn Gymraeg, Llew?' Gwenodd Llew. Mae o'n gwenu'n aml.

---

cynnig (cynig-)	to offer, suggest	*lle chwech (GC)*	*tŷ bach* (DC)
pecyn (eg)	packet	*piws*	purple

'Wel . . . trist ydi *sad* wrth gwrs,' eglurodd o, 'ond mae'r gair arall yn fwy anodd. "Plentyn siawns" ydi *bastard* yn llythrennol – *literally* – llythrennol, ond yn yr achos yma . . . ffŵl? Diawl?'

'Dyna ni,' meddai Andrew, 'tri trist diawl.'

'Nage Andrew,' meddwn i, 'tri diawl trist.'

'Neu tri trist ar y diawl!' meddai Llew a chwerthin yn uchel. Edrychais i ac Andrew arno fo'n – (o, beth ydi '*confusedly*?' Aha – 'mewn dryswch'). Edrychais i ac Andrew arno fo mewn dryswch.

'Mae'n ddrwg gen i?' gofynnais i. Edrychodd Llew arnon ni ac ysgwyd ei ben.

'Mae'n gymhleth, a dw i wedi blino.' Edrychodd o ar ei wats. 'Mae'n amser mynd adre; gwna i egluro yn y wers nos Fercher, iawn?' Gorffennodd o ei beint a chodi ar ei draed. 'Nos da – y ddau ohonoch chi.'

'Nos da,' meddai Andrew. Ro'n i'n methu siarad. Roedd o eisiau mynd yn syth? Ond ro'n i heb ddechrau fy seidar i eto. Ac ro'n i eisiau gwybod am ei fab, a phwy anfonodd y cerdyn Ffolant. Gwyliais i Mr Perffaith yn mynd drwy'r drws – ro'n i'n teimlo'n drist iawn.

'Oh well,' meddai Andrew, 'I expect it gets pretty boring having to talk to dysgwyr all the time.'

'Andrew,' meddwn i yn fy llais Prifathrawes, 'dw i ddim yn mynd i siarad Saesneg â ti!'

'Suit yourself,' meddai fo, gan wthio ei wydr gwag ata i, 'ond dy rownd di ydi hon. Peint o lager os gwelwch yn dda.'

Weithiau dw i'n teimlo fel lladd Andrew.

---

diawl (eg)	devil	*gwthio*	to push
ysgwyd	to shake		

O ie, amser cinio prynais i deledu. Un bach, rhad. Ond mae'n dal yn y bocs.

Chwefror 15fed Nos Fawrth

Deffrais i'r bore ma am 6.30. Roedd y gath yn mewian yn uchel y tu allan i ddrws fy llofft. Ond dydi hi byth yn mewian fel arfer. Agorais i'r drws.

'Beth sy'n bod H?' (HRH ydi ei henw llawn – mae ei thrwyn hi bob amser yn yr awyr). A dyna pryd ces i sioc. Roedd rhywbeth yn gwichian. Roedd hi wedi dal llygoden – un fawr, hyll. Ac roedd y llygoden yn dal yn fyw, yn crynu o dan bawen HRH! Dydi hi erioed wedi dal llygoden o'r blaen, mae hi'n rhy ddiog. Sgrechiais i, a neidiodd H i'r awyr, a neidiodd y llygoden o dan y soffa. Edrychodd H arna i fel tasai hi'n dweud: 'Dyna beth rwyt ti'n ei gael am sgrechian, y ferch wirion,' a cherddodd hi fel Mae West am y gegin.

Roedd gen i broblem. Dw i'n llysieuwraig, ac yn rhoi pres i'r RSPCA bob blwyddyn. Dw i ddim yn hoffi gweld anifeiliaid mewn poen. Ond do'n i ddim eisiau llygoden o dan fy soffa. Es i i nôl H, codais i hi a'i rhoi hi wrth y soffa. Trodd hi ei thrwyn i ffwrdd.

'Tyrd H! *Kill*!' gwaeddais i, gan godi cornel y soffa. Rhedodd y llygoden i mewn i fy llofft. Arhosodd H lle roedd hi, heb symud modfedd, gan wylio'r llygoden yn mynd. Codais i hi eto, a rhoais i hi wrth fy ngwely i gan

deffro	to wake up	*o'r blaen*	previously,
yn uchel	loudly		before
y tu allan i	outside	*gwirion*	daft, silly
llofft (GC)	ystafell wely	*tyrd (GC)*	*dere (DC)*
gwichian	to squeak	*gweiddi (gwaedd-)*	to shout
crynu	to shake	*modfedd (eb)*	inch

godi cornel y gwely – sy'n drwm iawn. Sgrechiais i ar y gath: 'Beth wyt ti, H? Cath neu lygoden? Tyrd! Lladda hi – RŴAN!'

Edrychodd H arna i unwaith eto, a gwneud i mi deimlo fel lwmp o faw. Cerddodd hi drwy'r drws yn araf a gollyngais i fy hun ar y gwely. Ro'n i'n chwysu fel mochyn, ac roedd gen i lygoden yn fy llofft. Es i allan yn syth, ond gan adael y drws yn agored, a'r drws cefn hefyd, rhag ofn y basai'r llygoden eisiau dianc.

Roedd hi'n 6.40, ond, do'n i ddim yn gallu mynd yn ôl i fy ngwely, o'n i?

Penderfynais i gael bàth, ond dim ond dropyn o ddŵr oedd yn dod drwy'r tap. Roedd gen i *airlock* unwaith eto.

Cowboi adeiladodd yr estyniad ar fy mwthyn i, ac mae'r gwaith – (beth ydi *plumbing* tybed? Dyma ni – peipiau dŵr. Da! Mae'r Gymraeg mor *'logical'* weithiau) – mae'r gwaith peipiau dŵr yn ofnadwy. Dwedodd y plymar lleol wrtha i y basai hi'n ddrud iawn i'w newid o. Ond dangosodd i mi beth i'w wneud, dros dro.

Felly, penderfynais i ei wneud o. Es i i mewn i'r gegin, at y sinc. Dydi fy nhap oer a phoeth i ddim ar wahân yn fan'no, felly, tynnais i'r bibell allan a rhoais i fy llaw ar y twll. Agorais i'r ddau dap. Fel arfer, mae'r tŷ'n ysgwyd, y pibellau'n sgrechian a'r sinc yn dod yn fyw. Ond mae'n gweithio. Ond heddiw, mae'n rhaid fy mod i'n dal i gysgu. Llithrodd fy llaw i oddi ar y twll,

---

baw (eg)	dirt	*yn fan'no*	*yn y fan honno*,
gollwng (gollyng-)	to let drop		there
chwysu	to sweat	*pibell (eb)*	pipe
dianc	to escape	*llithro*	to slip, slide
estyniad (eg)	extension	*oddi ar*	from
dros dro	temporarily		

ac aeth y dŵr i bobman: dros y sinc, dros fy mara i a'r pecyn o *Crunchy Nut Cornflakes*, dros fwyd y gath a drosta i. Roedd fy mhyjamas pinc i rŵan yn biws. Ro'n i'n wlyb, yn wlyb iawn.

Dyna oedd dechrau fy niwrnod i. A phan es i i'r Llyfrgell, roedd pawb yn flin iawn. Mae rhywun wedi dwyn 20 o'n CDs newydd ni, a dan ni ddim yn gwybod sut. Mae tag electronig ar bob un. Dw i'n credu bod Gwen, sy ddim yn fy hoffi i, ac sy byth yn siarad Cymraeg â fi, yn meddwl mai fi sy wedi eu dwyn nhw. Fi! Dwyn CDs *Steps* a *John ac Alun*! Esgusodwch fi! Mae *rhaid* i mi gael swydd newydd.

A rŵan dw i yn fy ngwely, a dw i ddim yn gwybod ydi'r llygoden yn dal yma. Dw i wedi blino gormod i boeni. Nos da. Ac mae'r teledu yn dal yn y bocs.

Chwefror 16eg Nos Fercher
Deffrais i am 6.15. Roedd y gath yn y llofft, yn crafu dan y gwely. Mae'r llygoden yn dal yna! Neidiais i o'r gwely, a chodi cornel y gwely eto, ond wnaeth H ddim symud. Felly roais i ddim *Whiskas* iddi hi heddiw. Gobeithio bydd hi'n dal y llygoden os ydi hi eisiau bwyd.

Yn y gwaith, roedd Gwen yn dal i fynd ymlaen ac ymlaen am y CDs.

'We'll have to watch people very carefully, Blodwen,' meddai hi.

'Bydd,' atebais i, 'a gallwch chi siarad Cymraeg â fi, Gwen, dw i'n deall yn iawn.'

---

dwyn (dyg-)   to steal

Atebodd hi ddim, dim ond tacluso'r papurau newydd am y trydydd tro mewn awr.

Mae Wil y gofalwr yn dweud ei fod o wedi gweld darnau o blastig ar y llawr y tu allan, o dan ffenest lle chwech y dynion. Mae o'n credu bod y lleidr yn mynd â'r CDs i'r lle chwech ac yn eu taflu nhw drwy'r ffenest. Felly bob tro roedd rhywun yn mynd i'r lle chwech, roedd Gwen yn eu dilyn nhw at y drws. Roedd Mr Edwards druan, sy'n 85, wedi dychryn! Ond ddygodd neb CDs heddiw. A siaradodd Gwen ddim Cymraeg â fi chwaith.

Ond ro'n i'n hapus drwy'r dydd, gan fod y wers Gymraeg heno. Ro'n i yno yn gynnar fel arfer, ac roedd Andrew yn hwyr – fel arfer. Gan ein bod ni wedi siarad am farddoniaeth nos Lun, roedd Llew wedi penderfynu y basen ni'n sgwennu ein barddoniaeth ein hunain! Roedd Llew'n wych. Roedd o'n gofyn cwestiynau, ac ro'n ni'n sgwennu llinell o farddoniaeth bob tro, yn syth, heb feddwl gormod.

e.e. 'Meddyliwch am ffenest . . . beth dach chi'n ei weld? – Peidiwch â sgwennu "Dw i'n gweld . . ."'

Felly sgwennais i: 'Cae ardderchog, gwyrdd a defaid cymylog, gwyn, ac awyr drist, lwyd.'

Y cwestiwn nesa oedd: 'Beth sy ar y chwith?'

Roedd hwn yn fwy anodd. Sgwennais i: 'Dafad ddu unig, ar ei phen ei hunan, yn bwyta bwyd.' (Dwedodd Llew wedyn fod 'pori' yn well gair na 'bwyta bwyd' ond ro'n i'n hoffi'r odl.)

gofalwr (eg)	caretaker	*gan*	as
dilyn	to follow	*gwych*	brilliant
lleidr (eg)	thief	*unig*	lonely
druan	poor thing	*pori*	to graze
dychryn	to frighten	*odl (eb)*	rhyme
chwaith	either		

Y trydydd cwestiwn oedd: 'Mae rhywbeth yn wahanol, beth ydi o?'

Gofynnodd Llew saith cwestiwn i gyd, ac ro'n ni i fod i ddefnyddio gair o ddechrau'r gerdd, i orffen. Fel math o adlais – *echo* ydi adlais, meddai Llew. Gair hyfryd arall – ad-lais – llais yn dod yn ôl.

Yn y diwedd, ro'n ni i gyd wedi sgwennu cerdd! Ro'n i mor falch. Wedyn, roedd rhaid i ni ddarllen ein cerddi'n uchel. Dwedodd Llew fod fy ngherdd i'n dda iawn, yn lliwgar dros ben, ond efallai bod gormod o ddisgrifio. Efallai. Ond roedd cerdd Andrew'n ofnadwy. Dw i'n cofio rhai llinellau ohoni hi:

> 'Brics a concrit
> A wheelie-bin
> Mae bachgen wedi ei beintio fo'n biws
> Dw i erioed wedi gweld wheelie-bin piws o'r blaen
> Mae hi'n bwrw glaw
> Dydi fy nheledu byth yn gweithio
> Dw i'n taflu brics ato fo.'

Roedd pawb arall yn chwerthin ac yn meddwl bod cerdd Andrew'n dda iawn. Dydyn nhw ddim yn deall barddoniaeth.

Wedyn, ro'n ni'n cael deg munud i sgwennu cerdd wrth edrych ar luniau. Sgwennais i gerdd ramantus am rosyn coch. Sgwennodd Andrew am bobl yn marw mewn ysbyty. Roedd Llew wedi dweud wrthon ni am beidio â defnyddio geiriadur os yn bosib, ond roedd pawb yn eu defnyddio nhw. Wedyn ro'n ni'n darllen y cerddi'n uchel eto. Pan roedd Andrew yn darllen, dwedodd Llew:

---

cerdd (eb)   poem   *rhosyn (eg)*   rose

'Da iawn Andrew! Ro'n i'n hoffi'r llinell am "y ferch yn gelwyddog yn y gwely..." Cyflythrennu – *alliteration* – da! Ond beth rwyt ti'n ei feddwl? Ei bod hi wedi bod yn twyllo ei chariad, ie?' Edrychodd Andrew arno fo'n syn.

'No, she's just lying in bed.'

Mae Andrew mor dwp weithiau.

Ro'n i eisiau siarad â Llew, a gofyn mwy am ei ysgariad, ond roedd hi'n anodd iawn efo pawb o'i gwmpas o fel gwenwyn – sori – gwenyn. Gofynnodd Andrew oedd pawb eisiau mynd i'r George, ond doedd Llew ddim yn gallu mynd, felly dwedais i fy mod i'n rhy brysur hefyd. Mae'n rhaid i mi siarad â fo rywbryd, neu bydda i wedi byrstio! Mae o wedi sôn am ddathlu noson Dydd Gŵyl Dewi – pryd o fwyd efallai. Mae rhaid i mi wneud yn siŵr mai fi sy'n eistedd wrth ei ochr o.

Mae rhaid i mi golli pwysau hefyd. Roedd fy nhrowsus yn dynn iawn heddiw.

Dw i wedi tynnu'r teledu allan o'r bocs, a'i roi ymlaen. Dydi'r llun ddim yn dda iawn, ond gwnaiff o'r tro. Mae'n neis clywed lleisiau yn y tŷ.

Ffoniodd Mr Tyler. Mae'r afr yn cyrraedd fory!

Does dim golwg o'r llygoden, ac roedd H eisiau bwyd yn ofnadwy heno. Roedd eisiau bwyd arna i hefyd, felly bwytais i focsaid o *Pringles* ar ôl swper. O diar. Dw i ddim yn prynu *Pringles* eto.

---

celwyddog	lying, deceitful	*dathlu*	to celebrate
twyllo	to deceive	*Dydd Gŵyl Dewi*	St David's Day
o'i gwmpas o	around him	*tynn*	tight
gwenwyn (eg)	poison	*gwnaiff o'r tro*	it will do
gwenyn (ll)	bees	*dim golwg o*	no sign of
rhywbryd	sometime		

Chwefror 17eg Nos Iau

Mae'r afr wedi cyrraedd. Mae hi mor dlws! Dw i wedi ei chlymu hi wrth y goeden eirin ac mae hi'n edrych yn hapus iawn. Dydi HRH ddim yn edrych mor hapus; mae hi'n eistedd yn y goeden yn edrych yn wirion arni hi. Mae rhaid i mi ddewis enw i'r afr . . . dydi Myfanwy ddim yn ei siwtio hi, na Gwenhwyfar. Dw i am edrych ar y llyfrau Cymraeg yn y Llyfrgell fory, i chwilio am enw da, enw awdures, neu rywbeth o'r *Mabinogi* efallai. Baswn i'n gallu ffonio Llew, ond dw i ddim yn gwybod ei rif ffôn.

Dw i'n credu bod y llygoden wedi mynd.

Taten drwy'i chroen a chaws bwthyn i swper heno. Diflas iawn.

Gwyliais i S4C. Roedd y Newyddion yn ddiddorol, ond roedd y rhaglen gwis yn ddiflas iawn iawn. Troais i at y BBC i wylio *Blackadder*. Roedd hi'n ddoniol iawn!

O ie, digwyddodd rhywbeth doniol iawn yn y Llyfrgell heddiw. Daeth dyn ifanc, tua 18, i mewn. Roedd o'n gwisgo trowsus denim a siaced ledr, ac roedd gynno fo '*stud*' yn ei drwyn. Fi oedd wrth y ddesg.

'Y, helô,' meddai fo, mewn llais dwfn.

'Helô,' atebais i.

'Dw i ddim wedi bod mewn *library* o'r blaen, ydw i'n cael siarad?'

'Ydach!' atebais i, gan fethu peidio â gwenu.

'Ocê. Smart. Oes gynnoch chi rywbeth ar *agriculture*?'

tlws	pretty	*Mabinogi*	medieval Welsh
clymu	to tie		folk tales
coeden eirin (eb)	plum tree	*taten drwy'i*	baked potato
awdures (eb)	authoress	*chroen (eb)*	
		siaced ledr (eb)	leather jacket

'Wel, oes,' atebais i. Doedd o ddim yn edrych fel ffarmwr. Codais i a mynd â fo at y silffoedd efo llyfrau am amaethyddiaeth. Ro'n i'n gwenu. Roedd gen i Gymraeg gwell na'r dyn ifanc 'ma! Tynnais i lyfr o'r silff.

'Rhywbeth fel hwn?' gofynnais i. Edrychodd o ar y llyfr, ac edrychodd o arna i.

'Beth ydi hwn?'

'Wel, llyfr am amaethyddiaeth,' meddwn i, '*agriculture*,' eglurais. Edrychodd o arna i'n rhyfedd.

'Llyfr ar *Greek culture* dw i isio!'

Weithiau, dw i'n hoffi gweithio mewn llyfrgell.

Chwefror 18fed Nos Wener

Diwrnod cyffrous iawn yn y Llyfrgell! Ro'n i'n edrych ar y llyfrau Cymraeg pan ddaeth Gwen ata i.

'A man's gone into the toilet, Blodwen!' Edrychais i arni hi'n syn. Roedd hi'n goch ac yn crynu fel deilen.

'Beth ydi'r broblem?' gofynnais i.

'Wel duw, duw! He's put CDs in his bag plastig! – *I think.*'

'O, dw i'n gweld. Beth rwyt ti isio wneud?'

'Argol, I don't know! I'm not used to criminals!' Roedd hi'n edrych arna i fel taswn i'n nabod '*criminals*' yn dda.

'Iawn,' meddwn i. 'Af fi i le chwech y merched i weld ydi o wedi taflu rhywbeth drwy'r ffenest, a sefwch chi wrth ddrws y lle chwech i'w stopio.'

'No!' Roedd ofn arni hi.

---

amaethyddiaeth (eb) agriculture   *argol*   good heavens!
deilen (eb)   leaf

'Iawn,' meddwn i. 'Ewch chi i le chwech y merched.'

Sefais i o flaen drws y dynion tra oedd Gwen yn dringo ar ben lle chwech y merched. Dydi hi ddim yn ddynes fach, a doedd hi ddim yn gwisgo dillad addas i ddringo, felly roedd hi'n anodd peidio â chwerthin. Yn y diwedd, stwffiodd hi ei phen drwy'r ffenest, yna troi'n ôl ata i a nodio'n gyflym. Oedd, roedd o wedi taflu CDs drwy'r ffenest.

'Iawn,' sibrydais i. 'Ewch chi i ffonio'r heddlu; gwna i ei stopio fo fan hyn.'

Nodiodd Gwen a rhedeg, wel, symud yn weddol gyflym am y swyddfa. Doedd ei dillad hi ddim yn addas i redeg chwaith.

Ar ôl tua dau funud, clywais i sŵn fflŷsh. Dyna pryd dechreuais i feddwl: oedd o'n ddyn mawr? Oedd gynno fo gyllell? O'n i'n gall? Beth ro'n i'n mynd i'w ddweud wrtho fo? Ond roedd o'n ddyn glân, mae'n amlwg. Ro'n i'n gallu ei glywed o'n golchi ei ddwylo yn y sinc.

Yna, agorodd o'r drws. Ro'n i eisiau chwerthin. Roedd o tua phum troedfedd un fodfedd ac yn denau iawn. Dw i'n bum troedfedd naw modfedd a dw i ddim yn denau o gwbl.

'Helô,' meddwn i.

'Helô,' meddai'r dyn.

'Allwch chi ddod efo fi, os gwelwch yn dda?' meddwn i'n gwrtais iawn.

---

tra	whilst	*sibrwd (sibryd-)*	to whisper
ar ben	on top of	*yn weddol*	fairly
dynes (GC) (eb)	*benyw* (DC), woman	*call*	wise
		mae'n amlwg	obviously
addas	suitable	*troedfedd (eb)*	foot

'You wot?' gofynnodd o. Dyna brofi bod '*criminals*' ddim yn siarad Cymraeg.

'Could you come with me, please?' gofynnais i wedyn.

'Why?'

'Oh, just a slight problem,' meddwn i. Edrychodd o arna i am funud, yna cerddodd y dyn o fy mlaen i, drwy'r cyntedd.

'Where now?' meddai fo ar ôl gadael y cyntedd. Cwestiwn da. Doedd gen i ddim syniad. I'r cwpwrdd bach tywyll a'i gloi fo i mewn efo'r *Blu-Tac*? Na, roedd bocsaid o sisyrnau yno. I'r gegin am baned? Na, roedd cyllell fara yn fan'no. Nodiais i fy mhen i gyfeiriad y swyddfa. Roedd Gwen wrth y ddesg, yn rhoi llyfrau i Mr Edwards. Oedd hi wedi ffonio'r heddlu? Roedd hi'n amhosib gwybod, roedd hi wedi troi ei chefn hi aton ni. Agorais i ddrws y swyddfa ac aeth y dyn i mewn fel oen bach.

'Won't be long,' meddwn i, a chau'r drws arno fo. Brysiais i at Gwen.

'Helô Blodwen,' meddai Mr Edwards.

'Helô Mr Edwards,' meddwn i.

'Mae hi'n ddigon oer,' meddai fo wedyn.

'Ydi,' atebais i. Do'n i ddim eisiau dychryn yr hen ŵr, ro'n i'n ofni y basai fo'n cael trawiad ar y galon.

'Where is he?' gofynnodd Gwen.

'Yn y swyddfa,' atebais i, 'Dach chi wedi ffo-'

'Y swyddfa!' sgrechiodd Gwen, 'You silly girl! My handbag's in there!' Wps. Gwenais i ar Mr Edwards, a

---

profi	to prove	*brysio*	to hurry
cyntedd (eg)	hallway	*trawiad ar y*	heart attack
cloi	to lock	*galon (eg)*	
sisyrnau (ll)	scissors		

throi'n ôl am y swyddfa. Agorais i'r drws yn araf. Roedd o'n eistedd wrth y ddesg, efo bag Gwen o'i flaen o. Ond roedd o'n darllen *Dewch i Chwarae ar y Fferm*.

'Hi-ya,' meddai fo'n swil. 'My sister's kids got this for Christmas from their Nain. I like the pictures.' Edrychais i arno fo'n ofalus. Roedd o'n denau iawn, ac roedd hi'n anodd dweud faint oedd ei oed o. Tri-deg rhywbeth? Roedd ei ddwylo'n crynu wrth afael yn y llyfr. Teimlais i dosturi mawr ato fo.

Yn sydyn, ces i fy ngwthio o'r ffordd. Mr Edwards! Gafaelodd o yn y dyn bach, ei godi a'i wthio fo yn erbyn y wal.

'Gwranda yma'r cenau bach!' gwaeddodd o. 'Bues i yn y rhyfel! Dw i'n gwbod sut i drin hen ddiawl bach dwylo blewog fel ti!'

Roedd y dyn bach yn wyn iawn. Roedd ei lygaid bron â disgyn allan o'i ben. Roedd Mr Edwards yn rhuo ac roedd Gwen y tu ôl i mi. Roedd hi'n gwichian ond ro'n i eisiau chwerthin.

Ond cyn i Mr Edwards ladd y lleidr druan, cyrhaeddodd yr heddlu. Roedd pawb yn falch iawn o'u gweld nhw. Gwyliais i'r car yn mynd i ffwrdd. Roedd y dyn bach fel plentyn drwg yn y sedd gefn. Roedd Gwen yn gwneud paned i Mr Edwards, oedd wedi dechrau crynu ar ôl gorffen rhuo. Roedd y plismon yn nabod y dyn; mae gynno fo broblem cyffuriau, ac mae o wedi

swil	shy	*trin*	to treat
nain (GC) (eb)	*mam-gu* (DC)	*dwylo blewog*	thieving
gafael	to grasp	*bron â*	almost
tosturi (eg)	pity	*disgyn*	to fall
cenau bach (eg)	rascal	*rhuo*	to roar
rhyfel (egb)	war	*cyffuriau (ll)*	drugs

bod yn gwerthu'r CDs £15 am 50 ceiniog er mwyn prynu cyffuriau.

Pwy sy'n dweud bod gweithio mewn llyfrgell yn ddiflas? Bydd gen i stori dda iawn i'r dosbarth Cymraeg. Ond dw i'n poeni am y dyn bach. Mae o'n fab i rywun.

Roedd gweddill y diwrnod yn dawel, felly es i i chwilio eto am enw i'r afr. Edrychais i ar enwau awduron Cymraeg. Kate? Na. Angharad? Efallai. Brenda Wyn? Dydi e ddim yn siwtio gafr.

Edrychais i hefyd am enwau o'r *Mabinogi*. Mae rhai rhyfedd iawn yno! Ffercos fab Poch? Echel Forddwyd Twll? Axle Thigh Hole ydi hynny yn Saesneg! (Neu rywbeth fel'na.)

Pam mae cymaint o blant Cymraeg yn 'Darren' a 'Leanne' pan mae enwau Cymraeg mor ddiddorol? Branwen, Gronw, Pryderi. Maen nhw'n hyfryd! Mae miwsig yn yr enwau hyn. A dw i'n credu fy mod i wedi cael enw i fy ngafr: Blodeuwedd. Roedd Blodeuwedd yn hardd, ac mae fy ngafr i'n hardd hefyd. Roedd hi mor hapus pan ddes i adre heno, fel ci bach, yn neidio i fyny arna i. Dw i'n credu y bydd Llew yn hapus fy mod i wedi dewis 'Blodeuwedd'.

Chwefror 19eg Nos Sadwrn

Dw i'n credu bod HRH wedi gwneud ei busnes (dw i'n hoffi'r term 'na – mae o mor barchus!) rywle yn fy llofft i. Mae arogl rhyfedd iawn 'ma.

---

er mwyn	in order to	*parchus*	respectable
gweddill (eg)	remainder		

Dw i wedi darllen tair pennod o *Grow Your Own Vegetables* ac wedi bod yn paratoi'r pridd. Dw i'n gwybod fy mod i wedi plannu rhai hadau yn barod, ond does dim golwg ohonyn nhw.

Penderfynais i fynd am dro, felly es i i fyny'r mynydd bach uwchben y tŷ. Ond hanner ffordd i fyny, daeth y glaw a doedd gen i ddim côt law, felly des i adre.

Mae mynd am dro ar ben fy hunan yn ddiflas iawn. Tybed ydi Llew yn hoffi cerdded? Dw i wedi bod yn breuddwydio: Llew a fi yn garddio, Llew a fi'n cerdded i fyny'r Carneddau ac yn cael picnic ar gopa Carnedd Dafydd, Llew a fi'n gorwedd ar y soffa ar brynhawn Sul yn gwylio *Casablanca*. Os dw i'n breuddwydio'n ddigon caled, efallai y daw o'n wir?

Chwefror 20fed Nos Sul
Diwrnod diflas iawn. Bwrw glaw. Darllenais i'r papurau Sul. Gwyliais i omnibws *Pobol y Cwm*. Dw i ddim yn hoff iawn o operâu sebon, does neb byth yn gwenu. Neu, os ydi rhywun yn gwenu, mae pawb yn gwybod y basen nhw'n crio erbyn yr wythnos nesa. Does dim rhyfedd bod cymdeithas heddiw mor ddigalon!

Mae'r arogl yn fy llofft yn gryf iawn. Wedi bod yn.. beth ydi '*spray*?' A – chwistrellu – Chanel rhif 19. Ond mae'n waeth rŵan.

---

pennod (eb)	chapter	*copa (eg)*	summit
pridd (eg)	earth	*digalon*	depressed
uwchben	above		

Chwefror 21ain Nos Lun

Y bore 'ma, roedd yr arogl yn gwneud i mi deimlo'n sâl, felly es i o gwmpas y llofft ar fy mhedwar, efo fy nhrwyn tua dwy fodfedd o'r llawr. Ar ôl pum munud, ro'n i wedi dod o hyd i'r 'peth'. Corff llygoden wedi marw. Dw i'n credu fy mod i wedi ei lladd hi efo'r gwely. Mae'n rhaid fy mod i wedi ei gwasgu wrth ollwng y gwely i lawr. Dw i'n teimlo mor euog. Mae'r corff yn y bin sbwriel rŵan – yn yr *Observer*.

Dechrau gwael i'r diwrnod. Ond gwellodd pethau pan es i i'r Llyfrgell. Roedd Mr Jones, ein llyfrgellydd bro, yno. Roedd o wedi clywed am y lleidr a'r heddlu. Roedd o'n gwenu. Dw i ddim wedi ei weld o'n gwenu o'r blaen.

'Da iawn Blodwen!' meddai fo. 'Dewr ofnadwy, yn taclo drwgweithredwr fel 'na.'

'Diolch,' meddwn i, 'ond beth ydi drwgweithredwr?'

'*Criminal*,' meddai Gwen, 'ond fi welodd o, a fi ffoniodd yr heddlu.' Honestly, mae hi fel plentyn.

'Da iawn chi hefyd, Gwen,' meddai Mr Jones, ond roedd ei fraich am fy ysgwydd i, nid ei hysgwydd hi. Roedd o'n gwisgo after-shave. Beth ydi hynny yn Gymraeg? Mae'r *Geiriadur Mawr* yn dweud 'sent eillio' neu 'persawr eillio'. Hm. Dydi hynny ddim yn swnio'n *macho* iawn. Ac mae Mr Jones yn macho iawn iawn. Chwe throedfedd o gyhyrau. Mae o'n chwarae rygbi. Ac roedd ei fraich o'n teimlo'n neis iawn am fy ysgwydd, yn gryf a chynnes. Ro'n i bron iawn yn teimlo'n *girly* (does gen i ddim syniad beth ydi hynny

ar fy mhedwar	on all fours	*dewr*	brave
euog	guilty	*ysgwydd (eb)*	shoulder
llyfrgellydd bro (eg)	area librarian	*cyhyrau (ll)*	muscles

yn Gymraeg. Mae'r geiriadur yn dweud 'mursennaidd' – ond pan ddwedais i'r gair wrth Llew heno, roedd o'n gorfod edrych yn ei eiriadur. Gair Cymraeg arall sy ddim ond yn byw mewn geiriadur?) Ond mae o wedi priodi – Mr Jones, nid Llew. O, mae'r dyddiadur hwn yn mynd i bob man!

Mae'n well i mi ddechrau eto: efo Mr Jones. Roedd o eisiau dweud wrth y papur newydd, a chael llun o Gwen, Mr Edwards a fi. Ro'n i'n hapus iawn, ond dwedodd Gwen:

'O, na! Neu bydd ei *gang* o'n gweld pwy ydan ni ac yn ymosod arnon ni yn ein gwelyau!' Mae hi mor ddramatig. Ond penderfynodd Mr Jones ei bod hi'n iawn. O wel, cyfle arall i fod yn enwog wedi mynd.

Efallai y gallwn i gael swydd newydd fel plismones?

Roedd y dosbarth Cymraeg yn meddwl bod y stori'n wych.

'Dewr iawn,' meddai Llew – ond wnaeth *o* ddim rhoi ei fraich am fy ysgwydd.

'Amazing, Blod,' meddai Andrew, a tharo fy mraich – yn rhy galed. Mae gen i glais yno rŵan! 'Dw i'n mynd i brynu peint i ti,' meddai fo wedyn. Edrychais i ar Llew. Roedd o'n gwenu, ond ddwedodd o ddim gair am brynu peint i neb. Doedd y wers ddim yn ddiddorol iawn – gwylion ni fideo o *Pobol y Cwm*. Roedd Andrew yn dweud ei fod o'n hoffi'r darnau efo'r merched hoyw,

'Ond os oedd dau ddyn . . . ych! Na!' Typical.

---

ymosod ar	to attack	*clais (eg)*	bruise
taro (traw-)	to hit	*hoyw*	gay

Dwedodd Michelle, sy'n dod o Fanceinion ac wedi priodi Cymro, fod ei mam-yng-nghyfraith wedi gwylio pob pennod o *Pobol y Cwm* ers y dechrau. Does neb yn cael ei ffonio hi rhwng 7.00 a 7.20! Ond dydi Michelle ddim yn hoffi'r ffaith bod priodas pawb yn chwalu. Mae bron pawb wedi ysgaru o leia unwaith!

Beth bynnag, ar ôl y wers, doedd gen i ddim dewis. Ro'n i'n gorfod mynd i'r George efo Andrew. Edrychais i ar Llew cyn mynd. Roedd o'n rhoi ei bapurau yn ei fag. Mae gynno fo ddwylo perffaith, efo bysedd hir, gosgeiddig. Bysedd perffaith i redeg trwy wallt merch. Ond mae gen i wallt cyrliog, felly efallai y basai ei fysedd yn mynd yn sownd. Gofynnais i iddo fo:

'Wyt ti'n dod efo ni, Llew?' Gwenodd o arna i. Ro'n i'n teimlo fy hunan yn toddi.

'Na, alla i ddim. Dw i'n edrych ar ôl fy mab heno.'

'O. Wyt ti'n edrych ar ei ôl o'n aml?'

'Nac ydw, ddim yn ddigon aml. Dim ond pan mae'n siwtio fy nghyn-wraig.' Ro'n i eisiau rhoi fy mraich am ei ysgwydd. Roedd o'n edrych mor drist. Ac ro'n i'n casáu ei gyn-wraig. Sut oedd hi'n gallu bod mor greulon?

'O, mae'n ddrwg gen i.'

'Paid â phoeni amdana i, Blodwen, dos i fwynhau dy hunan – ond ddim gormod!' Tybed beth roedd o'n feddwl? Oedd o'n genfigennus fy mod i'n mynd efo Andrew? Oedd hyn yn meddwl ei fod o'n fy hoffi i? Es i'n goch fel tomato.

Manceinion	Manchester	*sownd*	stuck
ffaith (eb)	fact	*cyn-wraig (eb)*	former wife
chwalu	to collapse	*creulon*	cruel
o leia	at least	*dos (GC)*	*cer* (DC), you go
gosgeiddig	elegant	*cenfigennus*	jealous

'Iawn. Nos da,' meddwn i.

'Nos da, Blodwen,' meddai fo, efo llais mwy Richard Burton na Richard Burton.

Dim ond un peint ges i efo Andrew. Roedd o'n mynd ar fy nerfau i, yn siarad am bêl-droed o hyd.

'Digon o bêl-droed,' meddwn i, 'dw i isio siarad am rywbeth arall.'

'Iawn,' meddai fo. 'Beth?'

'Llyfrau,' meddwn i. 'Wyt ti'n hoffi darllen?'

'O god, nac ydw,' meddai fo, 'mae darllen mor ddiflas. Anyway, books are on the way out – computers are taking over.'

'Hy!' meddwn i'n syth, 'byth! Mynd â chyfrifiadur i'r gwely efo ti? Amhosib.'

'Well, don't know about you, Blod,' meddai fo efo gwên hyll, 'but I can think of better things to do in bed!' Mae'r dyn yn afiach.

Roedd un peth yn fy mhoeni i heno: pan oedd Andrew wrth y bar, roedd dau ddyn ifanc wrth y bwrdd drws nesa i mi, yn siarad Cymraeg. Ro'n nhw'n siarad yn gyflym iawn, ond ro'n i'n deall tipyn. Ond roedd un gair do'n i ddim yn deall, ac ro'n nhw'n dweud y gair hwnnw'n aml iawn. Sgwennais i'r gair ar fy mat cwrw i. (Rheswm arall i siarad â Llew!) Mae'n edrych yn air rhyfedd iawn: 'umbo'. Efallai eu bod nhw'n siarad am wlad yn Affrica neu rywbeth?

---

o hyd   all the time   *afiach*   disgusting

Chwefror 22ain Nos Fawrth

Daeth Llew i'r Llyfrgell heddiw – efo'i fab, Bleddyn.
Mae o'n chwech oed, ac mae o mor ddel. Mae ei lygaid
yn las fel llygaid ei dad.

Es i'n goch pan gerddodd y ddau i mewn. Ro'n i'n
meddwl yn syth: 'Ydw i wedi brwsio fy ngwallt? Pam
ydw i'n gwisgo siwmper mor hyll heddiw? Pam na
wnes i wisgo fy siwmper ddu efo gwddw 'V'? Pam na
wnes i wisgo colur?' (Dw i ddim ond yn gwisgo colur
ar gyfer gwersi Cymraeg.)

'Helô, Blodwen,' meddai fo.

'O! Helô!' meddwn i, gan geisio swnio'n naturiol.
Ond dw i'n meddwl bod fy llais i wedi gwichian.

'Dyma Bleddyn, fy mab,' meddai fo.

'Helô, Bleddyn,' meddwn i, 'dw i'n hoffi dy siwmper
di.'

'Diolch,' meddai'r bachgen bach, ond roedd o'n
edrych wedi blino.

''Dan ni isio ymaelodi efo'r Llyfrgell,' meddai Llew.

'O, da iawn,' meddwn i, 'reit, da iawn wir, ym . . .
reit, iawn . . . dw i angen eich cyfeiriad a'ch rhif ffôn
chi!' (Eureka!) Ro'n i mor hapus! Ond pan deipiais i '6,
Allt y Drain' i mewn i'r cyfrifiadur, trawais i'r
llythrennau'n rhy gyflym, a daeth '^, aallt yXRan' ar y
sgrin.

'Wps, sori!' meddwn i. 'Wps, sori eto!' meddwn i
wedyn. Edrychodd Bleddyn arna i'n galed.

'Dach chi ddim yn dda iawn, nac ydach?' meddai fo.
'Dach chi isio i mi wneud o?'

---

del	cute	*colur (eg)*	make-up
gwddw (GC) (eg)	*gwddwg (DC),*	*ymaelodi*	to join
	neck,	*llythrennau (ll)*	letters

Hy. Bachgen bach chwech oed yn fy ngwneud i'n nerfus! Gwnes i gamgymeriad efo'r rhif ffôn hefyd. Roedd rhaid i mi ofyn am y rhif dair gwaith. Ond yn y diwedd, roedd gan y ddau gerdyn llyfrgell. Wedyn es i â nhw at yr Adran Blant. Roedd fy nwylo yn wlyb iawn.

'Wyt ti'n hoffi ein hoctopws ni?' gofynnais i i Bleddyn. Mae octopws mawr gwyrdd yn y Llyfrgell i'r plant bach chwarae ac eistedd arno fo.

'Nac ydw,' meddai Bleddyn yn sych, 'dim ond babis sy'n hoffi pethau fel 'na.'

'O,' meddwn i. Brat, meddyliais. 'Awn ni at y llyfrau felly, ie?'

'Ie, os gwelwch yn dda,' meddai fo. Brat cwrtais. Ro'n i eisiau ei hoffi o. Es i at y bocs llyfrau plant.

'Dyma ni,' meddwn i, 'llyfrau mawr efo lluniau mawr mawr.'

'Dim diolch,' meddai Bleddyn, yn sych *iawn*. 'Llyfrau babis ydyn nhw. Dw i'n gallu darllen.' Edrychais i ar Bleddyn, yna edrychais i ar Llew. Roedd o'n gwenu.

'Mae o'n darllen yn dda iawn am ei oed,' eglurodd o. Roedd hynny'n amlwg, roedd y bachgen bach wedi dechrau edrych ar lyfrau plant naw a deg oed. 'Wyt ti isio help i ddewis, Bleddyn?' gofynnodd Llew.

'Nac ydw,' atebodd ei fab, efo'i drwyn yn un o'r llyfrau *Goosebumps* . Edrychodd Llew arna i a gwenu. Roedd o'n falch iawn bod ei blentyn mor ddeallus. 'Mae'n aelod o'r llyfrgell lle mae ei fam yn byw, ond mae honno'n llyfrgell fach iawn.'

'O,' meddwn i. Ro'n i eisiau gofyn am fam Bleddyn,

---

adran (eb) department *deallus* intelligent

ond sut? 'O ie,' meddwn i'n sydyn. 'Ro'n i isio gofyn cwestiwn i chi.'

'Ti,' meddai Llew.

'Ie, fi,' meddwn i'n ddryslyd. Pwy arall?

'Nage,' eglurodd o, 'galwa fi'n "ti" – nid "chi".'

'O! Wrth gwrs!' meddwn i, gan gochi eto, 'mae'n ddrwg gen i.'

Roedd saib hir.

'Ie?' gofynnodd o.

'Beth?' gofynnais i.

'Ro't ti isio gofyn cwestiwn?'

'O ie! Ym . . . Beth oedd y cwestiwn? O ie . . . yn y dafarn, neithiwr, ro'n i'n gwrando ar bobl yn siarad.'

'Ie . . .'

'Ac ro'n nhw'n dweud gair rhyfedd o hyd, gair do'n i ddim yn ddeall. Rhywbeth fel 'umbo.''

'Umbo?'

'Ie, beth mae'n feddwl?'

'Dw i ddim yn gwybod.'

'O. Dach *chi* ddim yn gwybod?'

'Ti.'

'Na, dw i ddim yn gwybod. Dach chi ddim chwaith?' Roedd y sgwrs 'ma'n od ac ro'n i'n ddryslyd iawn. Ro'n i'n fwy dryslyd pan ddechreuodd Llew chwerthin yn uchel. Roedd o'n chwerthin yn ofnadwy. Roedd dagrau yn ei lygaid. 'Beth sy mor ddigri?' gofynnais i.

'Ti!' meddai fo. Roedd o'n ysgwyd ei ben ac yn chwerthin mwy a mwy. Roedd hyn yn brifo. Pam roedd o'n chwerthin am fy mhen i?

---

dryslyd	confused	*dagrau (ll)*	tears
saib (eg)	pause		

'Blodwen fach!' meddai fo o'r diwedd,' 'umbo' ydi 'wmbo' – sef 'dw i ddim yn gwybod!' Cymerais i ychydig o funudau i ddeall, ac yna, dechreuais i chwerthin hefyd. Ro'n i'n teimlo'n gymaint o ffŵl, ond roedd hi'n deimlad braf chwerthin fel 'na efo fo. Ac roedd o wedi dweud 'Blodwen fach!' Bach? Dw i ddim yn fach, ond roedd o'n swnio mor neis. Blodwen fach. Rhywbeth mae rhywun yn dweud wrth ei gariad.

'Dad!' meddai Bleddyn yn uchel. 'Hisht! Rwyt ti'n gwneud sŵn!' Wedyn daeth Gwen ata i.

'Blodwen,' meddai hi, 'If you've quite finished, and if you don't mind, we have customers.' Edrychais i y tu ôl i mi. Roedd ciw mawr wrth y ddesg. Wps.

Dewisodd Bleddyn dri llyfr *Goosebumps*, dau *Horrible Histories* ac un llyfr Cymraeg o'r enw Bwli a Bradwr a dewisodd Llew nofel newydd Emyr Humphreys.

'O, dewis da iawn,' meddwn i wrth Bleddyn, wrth afael yn *Bwli a Bradwr*, 'mae hwn wedi ei leoli ym Methesda, ac mae -'

'Dw i'n gwybod,' meddai fo ac yna, aeth y ddau allan. Codais i fy llaw ar Bleddyn, ond wnaeth o ddim sylwi. O wel. Dw i'n siŵr y medra i ddod i hoffi bachgen sy'n hoffi llyfrau. Ond cododd Llew ei law a gwenu. Gwenais i yn ôl.

Ro'n i'n dal i wenu pan ddaeth Mr Edwards ata i. Wnes i ddim sylwi ei fod o yno am amser hir.

'Ydi bywyd yn braf, Blodwen?' gofynnodd o.

'Mae'n gwella!' atebais i.

---

wedi'i leoli   located

Ond pan ddes i adre, roedd Blodeuwedd wedi torri ei rhaff ac wedi bwyta'r cennin Pedr i gyd. Am eiliad, ro'n i'n dychmygu gwneud cawl gafr, ond edrychodd hi arna i â'i llygaid mawr tlws, ac roedd rhaid i mi faddau iddi hi. Dw i wedi ei chlymu hi'n dynn iawn rŵan.

Chwefror 23ain Nos Fercher

Ro'n ni'n trafod ffilmiau yn y dosbarth heno. Fy hoff ffilm i ydi *Edward Scissorhands*; dw i'n credu ei fod o fel darn o farddoniaeth ar y sgrin. Dw i'n hoffi'r holl symboliaeth a'r ffordd mae lliwiau mor bwysig. Roedd Llew yn cytuno â fi, ond ei hoff ffilmiau o ydi *Jean de Florette* a *Manon des Sources*. Dw i'n hoffi'r ddwy ffilm 'na hefyd. Mae Llew a fi mor debyg.

Dwedodd o hefyd ei fod o'n meddwl mai Michelle Pfeiffer ydi'r ferch fwyaf prydferth yn y byd. Dw i ddim mor siŵr. Mae hi'n rhy denau.

Dwedodd Andrew mai ei hoff ffilmiau o ydi *Mad Max* a *The Terminator*. Dw i'n credu bod hynny'n dweud llawer amdano fo. Roedd Jean yn hoffi pob ffilm efo Doris Day ynddi hi, ac roedd Brenda yn hoffi *Hedd Wyn*, meddai hi. Hy. Mae hi'n ceisio bod yn *teacher's pet*.

Roedd pawb yn hoffi *Casablanca* hefyd, ond dydi Andrew ddim wedi gweld y ffilm. Does gan y dyn ddim syniad am ddiwylliant. Dyna'r gair mawr ddysgodd Llew i ni heno. Diwylliant. Mae'n rhaid i mi ymarfer:

rhaff (eb)	rope	*symboliaeth (eb)*	symbolism
cennin Pedr (ll)	daffodils	*mwyaf prydferth*	most beautiful
dychmygu	to imagine	*diwylliant (eg)*	culture
maddau	to forgive		

'Mae diwylliant mor bwysig yn fy marn i, Llew. Wyt ti'n cytuno? Da iawn. Mae drama dda yn Theatr Gwynedd yr wythnos nesa. Beth? Ydw i eisiau dod efo ti? O, Llew, baswn i wrth fy modd.'

Nos da, ddyddiadur. Dw i eisiau breuddwydio am Llew a fi yn y theatr, yn rhannu bocsaid o *Maltesers* a'n dwylo ni'n cyffwrdd yn y bocs, a'n llygaid yn cyfarfod, a Llew yn gafael yn fy llaw i . . . Mm!

Chwefror 24ain Nos Iau

Breuddwydiais i neithiwr fy mod i mewn bath o *Maltesers*, roedd o fel hysbyseb *Flake*. Hyfryd, hyfryd, hyfryd. Ond yna, daeth dŵr poeth, poeth drwy'r tap a thoddi'r siocled. Teimlad rhyfedd iawn.

Es i i'r siop fferyllydd heddiw, i brynu pethau fel sebon a phast dannedd. *Dove* i wneud fy nghroen yn llyfn, a phast dannedd arbennig sy'n gwneud fy nannedd yn fwy gwyn. Roedd o'n ddrud ofnadwy, pum punt, ond bydd o'n werth pob ceiniog, pan fydd Llew eisiau fy nghusanu. Sylwais i ar y bocsys lliwio gwallt hefyd. Mae gan Michelle Pfeiffer wallt melyn. Mae fy ngwallt i'n frown golau diflas, fel dŵr ar ôl golchi sosban fudr. Dewisais i *Natural Light Ash Blonde*. Roedd y pecyn yn dweud bod angen rhoi peth ar fy nghroen yn gynta, ac aros 48 awr i weld ydw i'n *allergic* iddo fo. Ond dw i ddim yn gallu aros. Dw i newydd ei roi yn fy ngwallt. Roedd y pecyn yn dweud

rhannu	to share	*llyfn*	smooth
cyffwrdd	to touch	*cusanu*	to kiss
hysbyseb (eb)	advertisement	*budr (GC)*	*brwnt* (DC)
fferyllydd (eg)	chemist		

'rhwng 20 a 45 munud,' felly ro'n i wedi penderfynu aros 30 munud, rhag ofn. Wps, mae'r ffôn yn canu.

Mam oedd ar y ffôn. Do'n i ddim yn gallu dweud bod rhaid i mi fynd, basai hi'n mynd yn bananas. Mae hi'n casáu pobl sy'n lliwio eu gwallt. Mae hi'n eu galw nhw'n *cheap tarts*. Dw i ddim yn gwybod beth ydi hynny yn Gymraeg.

Beth bynnag, dw i ddim yn credu bod y stwff wedi bod ar fy mhen yn rhy hir. Dw i'n felyn, ydw, ond yn felyn naturiol, nid yn felyn *brassy*. Dw i'n hapus iawn efo'r lliw, a gobeithio bydd Llew yn hapus hefyd. Dw i am ddechrau'r deiet eto fory. Dw i wedi rhoi pecyn cyfan o *Hobnobs* siocled ar y bwrdd adar yn barod.

Chwefror 25ain Nos Wener

Beth ydi *disaster*? Trychineb. Trychineb mawr, poenus. Y bore 'ma, roedd fy mhen ar dân. Mae croen fy mhen yn goch, nac ydy, yn biws. Mae o'n cosi'n ofnadwy, mae'n cosi gymaint, dw i bron â sgrechian. Es i at y fferyllydd ar y ffordd i'r Llyfrgell. Dwedon nhw fod rhaid mynd at y meddyg. Doedd y meddyg ddim yn gallu fy ngweld i tan amser cinio. Felly roedd y bore yn hir iawn iawn, a do'n i ddim yn gallu meddwl yn iawn. Gwnes i bopeth yn anghywir. Pan atebais i'r ffôn, roedd y person eisiau Gwen, ond roedd Gwen yn brysur. Ceisiais i roi'r person *on hold*, ond pwysais i'r botwm anghywir a thorri'r person i ffwrdd. Roedd Gwen yn flin iawn.

Pan geisiais i roi'r peiriant llungopïo ymlaen,

cosi	to itch	*peiriant*	photocopying
pwyso	to press	*llun-gopïo*	machine

43

pwysais i'r botwm anghywir, a diffodd y peiriant ffacs. Yna, rhoais i fwy o bapur A4 yn y peiriant llungopïo. Ond ro'n i wedi eu rhoi nhw i mewn yn flêr, a rŵan mae'r peiriant wedi torri.

Roedd Gwen yn ofnadwy o flin: 'What on earth is wrong with you today? And what have you done to your hair? It's a very funny colour. Doesn't suit you.' Mae hi'n hen ast.

Roedd y meddyg yn neis iawn, a ches i bresgripsiwn am botel o *Betnovate*.

Es i'n ôl i'r Llyfrgell yn syth, cau fy hunan yn y lle chwech a'i rwbio i mewn i fy mhen. Roedd o'n teimlo'n well am bum munud, ond mae o ar dân eto rŵan. Dw i'n gorfod ei roi o ar fy mhen unwaith y dydd am wythnos. Wythnos! Fydd dim gwallt gen i ar ôl erbyn hynny.

Chwefror 26ain Nos Sadwrn
Stwffio fo. Too tired to write in Welsh tonight. Still in agony.

Chwefror 27ain Nos Sul
Dw i'n teimlo'n well heddiw. Ro'n i eisiau mynd am dro, ond roedd hi'n bwrw glaw. Darllenais i ychydig o *Angela's Ashes*, Frank McCourt. Llyfr ardderchog. Mae rhywbeth yn braf am ddarllen am bobl sy'n fwy trist na fi.

---

diffodd	to turn off	*gast (eb)*	bitch
yn flêr	untidily		

Mae HRH yn eistedd wrth fy ymyl i, ac yn llyfu fy llaw i. Od iawn, mae hi'n gwneud hynny bob tro dw i'n drist. Dw i'n credu bod cathod yn ddeallus iawn fel 'na, yn deall teimladau pobl.

Mae'r ffilm *The Fabulous Baker Boys* ar y teledu. Mae Michelle Pfeiffer ynddi hi. Dw i eisiau ei saethu hi.

Chwefror 28ain Nos Lun

Gwers Gymraeg. Dwedodd Llew ei fod o'n hoffi fy ngwallt! (Wnes i ddim sôn am weld y meddyg.) Dw i mor hapus. Ac mae o wedi trefnu ein cinio Dydd Gŵyl Dewi nos fory. Byddwn ni a dosbarth arall o Fangor yn cael bwyd efo'n gilydd yn un o Bistros gorau yr ardal. Gwych! Mae gen i brynhawn rhydd fory, felly dw i'n mynd i brynu rhywbeth newydd i'w wisgo. Rhywbeth benywaidd, tlws. Dw i ddim wedi prynu dillad newydd ers misoedd. Wel, prynais i sgert a chrys yn y sêls yng Nghaer ddechrau Ionawr, ond dydi'r crys ddim yn fy siwtio i, a dydi'r sgert ddim yn cau am fy mol. Ond gwnes i safio £20.

Gwers ddiddorol heno – actio byrfyfyr. Mae Llew mor llawn o syniadau. Roedd gynno fo ddarnau o bapur efo sefyllfaoedd gwahanol arnyn nhw: pethau fel 'Dwy ddynes yn ffraeo dros ddillad mewn sêl' a 'Bachgen yn ceisio gofyn i ferch fynd allan efo fo'. Wedyn roedd o'n

ymyl (egb)	side	*rhydd*	free
llyfu	to lick	*Caer*	Chester
saethu	to shoot	*actio byrfyfyr*	impromptu acting
trefnu	to arrange	*sefyllfaoedd (ll)*	situations
efo'n gilydd	together	*ffraeo*	to quarrel

rhannu'r dosbarth yn barau, ac yn rhoi darn o bapur i bawb. Roedd gynnon ni bum munud i baratoi, ac wedyn ro'n ni'n gorfod actio'r sefyllfa!

Ond roedd 13 yn y dosbarth, felly roedd rhaid i Andrew, Roy a fi wneud grŵp o dri. A'r sefyllfa gawson ni oedd: 'Dyn yn ymosod ar ferch, a dyn arall yn pasio – beth mae'n wneud?' Roedd Andrew wedi cynhyrfu.

'Brilliant! Felly, Roy, rwyt ti'n ymosod ar Blodwen, a fi ydi Syr Galahad.'

Mae Roy yn ddyn tawel a swil, ond ro'n i'n gwybod y basai fo'n hoffi chwarae Syr Galahad.

'Aros,' meddwn i, 'beth am i ti ymosod arna i a Roy yn fy achub?' Gwenodd Roy arna i, ond roedd Andrew yn benderfynol.

'Na,' meddai fo, 'mae'n well fel hyn. Isn't it, Roy?' Nodiodd Roy druan ei ben. Beth gallwn i ddweud?

Roedd Roy yn rhy swil i afael ynddo i ar y dechrau.

'Na, Roy,' meddai Andrew, 'mae rhaid i ti afael yn ei breichiau hi'n iawn. Rwyt ti'n ddyn cas, ac rwyt ti isio dwyn ei phwrs. Fel hyn.' Gafaelodd Andrew ynddo i'n dynn, ac ysgwyd fy nghorff i nes i fy nannedd glecian. Roedd o'n boenus!

'Aw!' gwaeddais i. 'We're only acting Andrew!'

'Blodwen!' galwodd Llew wrth basio. 'Twt twt . . . Cymraeg os gwelwch yn dda!' Do'n i ddim yn hapus wedyn. Ond roedd Andrew yn gwenu fel cath.

'O Blodwen! Twt twt.'

'Beth am i mi ymosod arnat ti, Andrew?' gofynnais i rhwng fy nannedd.

Roedd y pum munud drosodd, a do'n ni ddim wedi

---

wedi cynhyrfu	agitated	*clecian*	to rattle
penderfynol	determind		

46

paratoi'n iawn. Jean a Brenda aeth gynta. Nhw oedd y ddwy ddynes yn ffraeo mewn sêl. Ro'n nhw'n ddigri iawn:

Brenda: (*yn gafael mewn côt*) Aha! Perffaith.

Jean: Arhoswch! Esgusodwch fi, ond fi welodd y gôt 'na gynta!

Brenda: Nage, fi.

Jean: Nage, fi.
(*y ddwy'n dechrau tynnu bob pen i'r gôt*)

Brenda: Peidiwch â bod yn blentynnaidd!

Jean: Fi! Chi sy'n blentynnaidd! Beth bynnag, dach chi'n rhy dew!

Brenda: Beth? Fi – rhy dew?

Jean: Ie, maint 12 ydi hon, a dach chi'n faint 16 o leia!

Brenda: Wel ! O leia mae gen i – *sori Llew – beth ydi bust? Bronnau? Diolch*. O leia mae gen i fronnau!

Jean: O! (*yn dechrau crio*). Dach chi mor gas!

Brenda: Chi ddechreuodd!

Jean: Nage – chi!

Brenda: Nage, chi!

Jean: Mae hyn yn wirion.

Brenda: Ydi. Rhowch y gôt i mi.

Jean: Na wnaf. Dach chi wedi fy mrifo i. (*crio mawr*)

Brenda: (*yn stopio tynnu*) O . . . mae'n ddrwg gen i.

Jean: A fi.

Brenda: Dach chi'n iawn?

Jean: Ydw. Ond dw i byth yn dod i siopa efo chi eto – Mam!

Roedd y gweddill yn eitha da hefyd. Ni oedd ola. Aeth Roy a fi i sefyll wrth ddesg Llew.

'Pawb yn barod?' gofynnodd Llew. 'Iawn, ffwrdd â chi.'

     Roy: Hei – ti!
      Fi: Pwy? Fi?
     Roy: Ie. Dy bwrs di neu dy fywyd.
      Fi: Na!
     Roy: Reit! (*yn gafael yn fy mreichiau ac yn dechrau f'ysgwyd i*)
      Fi: Aw! Peidiwch! Help! Helpwch fi rywun!
     Roy: Cau dy geg!
        (*Andrew'n cerdded heibio.*)
Andrew: (*mewn llais dwfn hollol wirion*) Hei! Gad hi fod!
     Roy: Dos i grafu, wimp.
Andrew: Dw i ddim yn dweud eto! Gad hi fod!
     Roy: Pwy sy'n mynd i fy stopio i?
Andrew: FI!!!
        (*Andrew'n neidio ar Roy ac yn rhoi 'head – butt' iddo fo. Roy yn disgyn i'r llawr.*)
Andrew: Wyt ti'n ocê, babe?
      Fi: O! Ydw! Diolch!
        (*Andrew'n fy nghymryd yn ei freichiau ac yn rhoi cusan fawr wlyb i mi ar fy ngheg – ro'n i eisiau bod yn sâl.*)

Pan orffennodd y gusan, roedd pawb yn clapio, a dechreuodd Andrew gymryd 'bow' fel Laurence Olivier.

---

hollol	totally	*dos i grafu!*	go to hell!
gad hi fod!	leave her alone!		

Ond stopiodd y clapio. Roedd pawb yn edrych ar Roy, oedd yn dal ar y llawr.

'Roy? Wyt ti'n iawn?' gofynnodd Llew. Cododd Roy ei ben, ac roedd ei drwyn yn gwaedu fel mochyn.

'Nac ydw,' atebodd o mewn llais gwan, gan edrych ar Andrew. 'I thought we were only meant to be acting.'

'Mae'n ddrwg gen i,' meddai Andrew, 'must have got carried away.'

'Do!' meddwn i, 'a phwy ddwedodd dy fod ti'n cael rhoi cusan i mi, y?'

'Couldn't resist it, cariad!' atebodd Andrew. Gwnes i bron â rhoi *head-butt* iddo fo, ond tynnodd Brenda a Jean fi'n ôl.

Ar ôl i Jean, sy'n nyrs, stopio'r gwaedu, roedd Roy'n iawn, diolch byth. Honestly, mae Andrew'n anobeithiol.

Mawrth 1af Nos Fawrth. Dydd Gŵyl Dewi Sant
Gwisgais i genhinen Bedr i'r gwaith y bore 'ma – un o'r rhai na welodd Blodeuwedd. Ond fi oedd yr unig un oedd yn gwisgo rhywbeth. Edrychodd Gwen arna i'n od.

'What are you wearing that for?'

'Mae'n Ddydd Gŵyl Dewi – nawddsant Cymru.'

'O.' A dyna'r cwbl ddwedodd hi.

Ro'n i'n falch pan ddaeth Mr Edwards i mewn efo cenhinen ar ei siaced. Ond doedd Gwen ddim yn teimlo'r un fath.

'Dach chi'n gwneud ryw hen lol hefyd, Mr Edwards?' gofynnodd hi, gan bwyntio at y genhinen.

---

gwaedu	to bleed	*cenhinen (eb)*	leek
nawddsant (eg)	patron saint	*cennin*	
y cwbl (eg)	all, everything	*lol (eb)*	nonsense

'Lol?' gofynnodd o. 'Lol! Dydi bod yn falch fy mod i'n Gymro ddim yn lol, nac ydi Blodwen?' Gwenais i arno fo. 'Ces i fy mrênwasho efo The British Empire pan o'n i'n fachgen. Ces i fy nysgu bod y Cymry'n dda i ddim, ches i ddim gair o addysg drwy gyfrwng y Gymraeg, ac roedd y wraig – heddwch i'w llwch hi – yn fy rhwystro i rhag siarad Cymraeg â'r plant. 'Dydyn nhw byth wedi maddau i mi.'

Edrychais i a Gwen arno fo mewn syndod. Doedd Mr Edwards erioed wedi siarad fel hyn o'r blaen. Trodd Mr Edwards ata i.

'Go dda ti yn gwisgo cenhinen Bedr, fy merch i – a chywilydd arnoch chi, Gwen!' Roedd Gwen yn goch iawn iawn.

'Wel, honestly,' meddai hi, 'I don't think-'

'A siaradwch Gymraeg, wnewch chi?' meddai Mr Edwards gan dorri ar ei thraws hi. 'Mae'r ferch fach 'ma'n gwneud ei gorau i ddysgu'r iaith, a dach chi byth – BYTH! – yn siarad Cymraeg â hi!' A diflannodd o allan drwy'r drws.

Roedd y Llyfrgell yn dawel iawn. Cododd Gwen i'w thraed yn araf.

'I'm just going to make a – paned,' meddai hi, gan gerdded yn urddasol i gyfeiriad y gegin. Mr Edwards – dw i'n eich caru chi!

Ond dw i'n caru Llew'n fwy. Roedd y cinio heno fel breuddwyd – ar y dechrau. Roedd Brenda wedi rhoi ei bag ar y gadair wrth ochr Llew, cyn mynd i'r lle chwech. Roedd Andrew yn eistedd yr ochr arall. Weithiau, mae'n

---

cyfrwng (eg)	medium	*diflannu*	to disappear
heddwch i'w llwch	God rest her soul	*yn urddasol*	in a dignified
go dda ti	good for you		way

50

rhaid i ferch fod yn – beth ydi *ruthless*? – didostur.
Mae'n rhaid bod yn ddidostur weithiau, ac mae Brenda
wedi priodi'n barod. Felly rhoais i ei bag hi dan y bwrdd
ac eisteddais i wrth ochr Llew.

'Helô,' meddwn i.

'Helô, Blodwen,' meddai fo. Edrychodd o arna i, i
fyny ac i lawr. 'Dw i'n hoffi dy ffrog di'n ofnadwy.'

'Diolch,' atebais i, gan wenu'n swil. Ro'n i wedi
prynu'r ffrog y prynhawn hwnnw. Do'n i ddim wedi
bwriadu gwario cymaint, ond roedd hi'n werth pob
ceiniog rŵan. Roedd y ffrog las dywyll yn cyrraedd fy
nhraed. Roedd popeth arall wedi bod yn rhy dynn neu'n
rhy fyr. Ond roedd hon yn gwneud i mi edrych yn
denau. Wel, bron. Ac ro'n i wedi prynu esgidiau
newydd hefyd. Ro'n i wedi rhoi fy ngwallt i fyny, ac
wedi cymryd o leia hanner awr i roi colur. Ro'n i'n
teimlo fel Michelle Pfeiffer.

'Rwyt ti'n edrych fel Michelle Pfeiffer,' meddai
Llew. 'Beth rwyt ti isio i'w yfed?' EUREKA!

'Ym . . . gwin gwyn,' meddwn i. Gwyliais i ei ben ôl
yn mynd at y bar. Mae o mor ddel. Yna daeth Brenda yn
ôl.

'Hei!' meddai hi'n flin. 'Fi oedd yn eistedd fan 'na!'

'Mae'n ddrwg gen i?' Dw i'n actores mor dda
weithiau.

'Roedd fy mag i ar y gadair!' meddai hi.

'Oedd o?' gofynnais i.

'Oedd!' Edrychais i arni hi efo llygaid mawr, diniwed.

'Mae'n rhaid ei fod . . . a! Dyma ni,' meddwn i gan
chwilio dan y bwrdd am ei bag, 'ond mae lle i ti wrth

---

bwriadu	to intend	*diniwed*	innocent
gwario	to spend (money)		

51

ochr Roy.' Edrychodd hi arna i am ychydig, yna, ar ôl dweud 'Hy!' yn uchel, eisteddodd hi i lawr wrth ochr Roy. Buddugoliaeth i mi. Ha ha.

Roedd y bwyd yn fendigedig, cawl cennin i ddechrau, cig oen mewn rhosmari a thatws newydd wedyn, a phwdin bara menyn efo hufen i bwdin. Doedd Andrew ddim eisiau tatws newydd. Roedd o eisiau sglodion. Ac roedd pawb arall yn yfed gwin, ond roedd o'n yfed lager. Does gynno fo ddim steil.

Ond mae gan Llew steil. Roedd o'n gwisgo siwt *Armani* las, oedd yn gwneud i'w lygaid o edrych mor las a dwfn. Weithiau, roedd ei goes o'n cyffwrdd â fy nghoes i dan y bwrdd. Roedd o'n teimlo mor gryf, a do'n i ddim eisiau symud. Unwaith, collais i fy napcyn ar y llawr. Plygais i lawr i'w godi, ond plygodd o i lawr hefyd. Roedd ein dwylo'n cyffwrdd, ac roedd o fel sioc drydanol. Codais i fy mhen yn sydyn, ond cododd o ei ben hefyd gan gracio ei dalcen yn erbyn fy nhalcen i. Ond do'n i ddim yn teimlo poen. Ro'n i yn y nefoedd.

'Mae'n ddrwg gen i,' meddai Llew, 'wyt ti'n iawn?'

'Ydw,' meddwn i, 'perffaith!' Gwenodd o arna i, a gwenais i arno fo. Roedd fy mhen yn troi. Roedd y gwin wedi mynd i lawr fel dŵr, gwydraid ar ôl gwydraid, ac ro'n i mor hapus.

'Brandi bach?' gofynnodd Llew ar ôl y coffi.

'Mm! Os gwelwch yn dda.'

'Na, Blodwen, faint o weithiau sy rhaid i mi ddweud

---

buddugoliaeth (eb)	victory	*sioc drydanol*	electric shock
bendigedig	splendid	*talcen (eg)*	forehead
plygu	to bend	*y nefoedd (eb)*	heaven

– os gweli *di*'n dda! Rhaid i ti ddysgu fy ngalw i'n "ti"!'

'Iawn, Llew,' meddwn i a gwenais i arno fo am amser hir, 'rwyt ti'n iawn, 'dan ni'n ffrindiau.'

'Ffrindiau mawr . . . 'Roedd ei goes yn pwyso yn erbyn fy nghoes i! Roedd o'n fflyrtio efo fi!

Ar ôl y brandi (mawr), roedd fy mhen yn troi fel top, a do'n i ddim mor hapus.

'Wyt ti'n iawn, Blodwen?' gofynnodd Llew.

'Nac ydw, dw i'n meddwl . . . dw i'n credu . . . o diar . . . dw i isio awyr iach.'

'Dof i efo ti,' meddai Andrew, oedd wedi bod yn gwrando.

'Na, mae'n iawn,' meddai Llew, 'af fi.' Cododd o ar ei draed a fy helpu i drwy'r drws. Clywais i Brenda yn dweud wrth i mi basio:

'Twt, twt, mae hi wedi meddwi. Typical.' Ond roedd fy mhen yn troi gormod i ddweud dim wrthi hi.

Roedd hi'n oer y tu allan yn yr ardd. Eisteddais i ar y wal. Eisteddodd Llew wrth fy ochr.

'Gwell?' gofynnodd o.

'Ydw, diolch.' Gafaelodd o yn fy llaw.

'Wyt ti'n siŵr?' Nodiais i fy mhen. Do'n i ddim yn medru siarad – roedd o'n gafael yn fy llaw i!

'Dw i'n falch,' meddai fo, a rhoi ei fraich am fy ysgwydd. 'Does dim brys, nac oes?' Ysgydwais i fy mhen. Ro'n i'n dal yn methu siarad. Ro'n i yn y nefoedd. Ro'n i eisiau aros yma yn yr ardd, dan y sêr efo Llew – efo braich Llew am fy ysgwydd – am byth.

---

awyr iach (eb)   fresh air   *sêr (ll)*   stars

'Mae'n braf 'ma,' meddai fo, 'dim ond ti a fi.' Oedd.
O, oedd. 'Ro'n i mor genfigennus ddoe,' meddai fo.

'Ti? Pam?' gofynnais i. Roedd fy nhafod i'n gweithio
eto.

'Pan gest ti gusan gan Andrew.'

'O.' O fy nuw, o fy nuw. O'n i'n breuddwydio?
'Ofynnodd o ddim,' meddwn i'n araf.

'Naddo. Ond dw i'n gofyn.' Edrychais i arno fo.
Roedd o mor agos, a'i lygaid yn suddo i mewn i mi.
'Gaf fi?'

'Cei.' Rhoddodd o ei ddwy law am fy wyneb yn
dyner, a fy nghusanu. A fy nghusanu a fy nghusanu. O
diolch Dewi Sant. Roedd fy nhraed yn cyrlio i fyny efo
pleser, roedd fy stumog yn gwneud triple back
somersaults (dim syniad beth ydi hwnna yn Gymraeg –
but who cares?). Ro'n i'n toddi. Roedd o'n toddi.
Roedd popeth yn toddi. Roedd ei freichiau amdana i, a
fy mreichiau i amdano fo. Ro'n ni'n un.

Daeth y gusan i ben.

'Iawn?' gofynnodd o'n dyner.

'O ydw,' meddwn i ac edrych i mewn i'w lygaid eto.
Ond yn sydyn, dechreuodd fy stumog symud. Roedd
rhywbeth mawr yn digwydd.

'O dîar,' meddwn i, 'dw i ddim yn teimlo mor -'
Digwyddodd popeth mor sydyn. Cododd fy mhwdin
bara menyn, fy nghig oen, fy nghawl cennin a fy
moron, a ffrwydro dros Llew, dros y siwt *Armani*.
Neidiodd Llew i fyny, neidiodd mwy o foron i fyny.
Roedd Llew yn edrych ar ei siwt mewn sioc. Roedd

---

suddo	to sink	*dod i ben*	to come to an end
yn dyner	tenderly	*ffrwydro*	to explode

moron dros ei grys, ei siaced a'i drowsus – yn enwedig dros ei drowsus. Ro'n i eisiau marw.

'Mae'n ddrwg gen i!' meddwn i, yn hanner crio.

'Mae'n iawn, ym, mae'n iawn,' meddai fo, 'ond gwell i mi fynd i'r lle chwech.' A diflannodd o. Sychais i fy ngheg, a dechreuais i grio. Ro'n i eisiau mynd adre.

'Beth sy?' gofynnodd rhywun. Codais i fy mhen. O na, Andrew. 'Beth sy'n bod, Blodwen? Wyt ti'n sâl?'

'Go away!' gwaeddais i. 'I want to be alone!' Efallai bod hwnna ychydig yn ddramatig, ond roedd o'n effeithiol. Edrychodd Andrew arna i mewn syndod, yna trodd o, a mynd yn ôl i'r Bistro. Dringais i dros y wal, a cherddais i adre yn fy esgidiau newydd.

Dw i yn fy ngwely. Mae fy nhraed yn brifo, dw i'n teimlo'n sâl a bydd Llew byth eisiau siarad â fi eto. A dw i'n ei garu.

Mawrth 2il Nos Fercher
Ffoniais i'r Llyfrgell i ddweud fy mod i'n sâl, ac es i ddim i'r dosbarth Cymraeg heno. Arhosais i yn y gwely drwy'r dydd, ond codais i i fwydo HRH a Blodeuwedd ac i wneud gwydraid o *Resolve* i mi fy hunan. Chwydais i ddwywaith. Breuddwydiais i am Llew yn fy nghusanu, a deffrais i'n crio.

Mawrth 3ydd. Nos Iau
Es i i'r Llyfrgell heddiw. Dwedais i wrth Gwen fy mod i wedi cael bug pedair awr ar hugain.

---

beth sy?   what's wrong?   *effeithiol*   effective

'Hangofyr dw i'n galw hwnna,' meddai hi. Hwch. Ond o leia mae hi'n siarad Cymraeg â fi rŵan.

Daeth Brenda a Jean i mewn i'r Llyfrgell yn y prynhawn, ond gwelais i nhw mewn pryd a diflannais i i'r stordy nes iddyn nhw fynd. 'Dydyn nhw byth yma'n hir, dim ond yn dychwelyd chwech *Mills and Boon* a dewis chwech arall. Ofynnon nhw ddim amdana i. Mae'n siŵr bod pawb wedi siarad amdana i yn y wers, a meddwl fy mod i'n ffŵl. Maen nhw'n iawn.

Chwiliais i yn y papurau am swydd newydd. Doedd dim byd.

Mawrth 4ydd. Nos Wener

Dw i mor ddigalon. Beth ydi'r pwynt ysgrifennu hwn yn Gymraeg rŵan? Dw i byth yn mynd yn ôl i'r dosbarth Cymraeg a dw i byth eisiau gweld Llew eto. Does gen i ddim ffrindiau yma a dim ond y dosbarth a Mr Edwards sy'n siarad Cymraeg â fi.

I might as well give up and go back home to Mother.

Mawrth 9fed Nos Fercher

Ces i sioc heno. Ro'n i'n gwylio ffilm ddiflas ac yn bwyta bwcedaid mawr o popcorn a tiwb o *Pringles*, pan glywais i gnoc ar y drws. Roedd hi'n hwyr – deg o'r gloch. Am eiliad, ro'n i'n meddwl: 'Llew!' Cuddiais i'r popcorn a'r *Pringles* dan y soffa.

Ond na, Dilwyn Roberts sy'n byw drws nesa oedd yno. Doedd o ddim yn hapus.

---

hwch (eb)	sow	*dychwelyd*	to return
stordy (eg)	store room	*cuddio*	to hide

'Noswaith dda,' meddai fo.

'Noswaith dda,' meddwn i, 'oes rhywbeth yn bod?'

'Oes, mae'ch blydi gafr chi wedi bwyta pob dim – POB DIM – sydd yn fy ngardd i!'

'Blodeuwedd? Ond mae hi'n sownd yn fy nga-'

'Mae hi fan hyn!' gwaeddodd o, gan gamu'n ôl i ddangos Blodeuwedd, yn sownd wrth raff yn ei law. Roedd hi'n edrych mor drist.

'O, mae'n ddrwg gen i, Mr Roberts,' meddwn i.

'Mae'n ddrwg gen i hefyd, Miss Jones. Beth dach chi'n mynd i'w wneud am y peth?'

'Dw i ddim yn gwybod. Beth *galla* i wneud?'

'Talu am y difrod?'

'O, wrth gwrs. Ym . . . faint?'

'Cewch chi'r bil. Nos da Miss Jones, a dyma'ch blydi gafr chi.' Rhoddodd o'r rhaff yn fy llaw a cherdded i ffwrdd. Edrychais i ar Blodeuwedd. Roedd hi wedi dechrau bwyta fy mhlanhigyn caws i sydd yn y cyntedd.

'Beth ydw i'n mynd i wneud â ti, Blodeuwedd?' meddwn i.

Dw i wedi ei chloi hi yn y sied am heno. Dw i ddim yn gwybod beth i'w wneud. Mae popeth dw i'n wneud yn troi'n sur.

camu	to step	*planhigyn (eg)*	plant
difrod (eg)	damage	*sur*	sour

Mawrth 10fed Nos Iau

Ffoniais i Mr Tyler, y dyn geifr, i ofyn oedd o eisiau Blodeuwedd yn ôl. Ces i bryd o dafod gynno fo, ond bydd o'n dod ddiwedd y mis. Roedd cadw gafr yn syniad twp beth bynnag.

Roedd dysgu Cymraeg yn syniad twp.

That's it.

End of diary.

Mawrth 14eg Nos Lun

Dw i'n ôl. Mae rhaid i mi siarad â rhywun. Ces i benwythnos ofnadwy. Es i i Tescos. Prynais i werth £70 o fwyd; pethau fel paflofa mefus a *crème brulée*, cawsiau drewllyd, drud fel Munster a Cambozola, poteli o nionod picl, pecynnau o greision a chnau a bisgedi, cigoedd drud fel parma ham, bara hyfryd fel ciabatta a bara soda. A chaniau o lager. A dw i wedi bwyta'r cwbl. Pob dim. Wel, mae ychydig o greision a nionod picl ar ôl a darn bach o baflofa. Ro'n i'n teimlo'n sâl drwy ddydd Sul. Dw i'n teimlo'n fwy sâl heddiw, felly es i ddim i'r gwaith. Mae'n amlwg bod Gwen yn meddwl fy mod i'n alcoholig. Hwch fawr dew fwydaholig, ydw, ond alcoholig, nac ydw.

Heno, ro'n i'n gorffen y paflofa, a chan lager rhif 12, pan glywais i gnoc ar y drws. Edrychais i ar y cloc. Deg o'r gloch. O na, ddim Dilwyn Roberts eto? Ro'n i wedi trwsio'r twll yn y ffens. Oedd Blodeuwedd wedi gwneud twll newydd? Rhoais i'r sain i lawr ar y teledu

---

pryd o dafod	telling off, scolding	*cnau (ll)*	nuts
mefus (ll)	strawberries	*trwsio*	to mend
drewllyd	smelly	*sain (eb)*	sound

a chuddiais i y tu ôl i'r soffa. Do'n i ddim eisiau gweld neb.

Ond cnociodd y person eto – yn uchel. Roedd HRH yn eistedd ar ben y soffa, yn edrych yn rhyfedd arna i. Roedd saib hir, ac wedyn clywais i fwy o gnocio.

'Blodwen? Blodwen? Wyt ti na?' Llais dyn. Nid Mr Roberts. O'n i'n nabod y llais? O'n. Llew! Do'n i ddim yn gwybod beth i'w wneud. Aeth HRH at y drws a throdd hi i edrych arna i.

'Blodwen! Wyt ti'n iawn?' Roedd Llew yn poeni o'n i'n iawn! Codais i'n sydyn, cribais i fy ngwallt, ac agorais i'r drws.

'Andrew?'

'Blodwen!' Llyncais i. Dyna siom.

'Beth rwyt ti isio?' Edrychodd o arna i'n syn.

'Des i i weld o't ti'n iawn. 'Dan ni ddim wedi dy weld ti ers . . . ers . . .'

'Ers y cinio Dydd Gŵyl Dewi.'

'Wyt ti wedi bod yn sâl?'

'Do.'

'Dwyt ti ddim yn edrych yn dda.'

'Diolch yn fawr.'

'Mae gen ti fagiau dan dy lygaid.'

'Diolch Andrew. Dw i'n teimlo'n well ar ôl clywed hynny.'

'Mae'n ddrwg gen i.'

'Y dosbarth sy wedi dy anfon di yma?'

'Y dosbarth?'

'Ie, i bawb gael chwerthin am fy mhen i? I ti gael dweud am y bagiau dan fy llygaid?'

---

cribo	to comb	*siom (eg)*	disappointment
llyncu	to swallow		

'Blodwen-'

'Why are we speaking Welsh anyway? I've packed it in.'

'Blodwen – paid.' Edrychais i arno fo. Roedd ei lygaid o'n sgleinio. Oedd o'n crio? Ro'n i eisiau crio hefyd. Gafaelodd o yn fy arddwrn.

'Tyrd. Gad fi i mewn.'

'Ti? Pam?'

'Dyna pam.' Ateb gwirion. Beth mae o'n ei feddwl – 'dyna pam'? Ond roedd o wedi cerdded i mewn i'r tŷ, a wnes i ddim ei stopio.

Edrychodd o o gwmpas yr ystafell. Roedd pobman mor flêr. Pacedi gwag o fwyd dros y llawr, papurau a chylchgronau dros y soffa a'r bwrdd coffi, caniau lager gwag wedi disgyn allan o'r bin sbwriel. Do'n i ddim wedi hwfro ers pythefnos, a ddim wedi dystio ers tua mis. Ro'n i'n gwisgo leggings lycra brynais i yn 1989, a siwmper fawr hyll efo twll mawr yn y bol. A do'n i ddim wedi golchi fy ngwallt ers dros wythnos.

'Wyt ti wedi cael parti?' gofynnodd Andrew.

'Ha ha. Digri iawn,' atebais i. 'Beth rwyt ti isio?'

'Basai coffi yn neis. Llefrith a dau siwgr, os gweli di'n dda.' Edrychais i arno fo'n gas. Pwy oedd o'n feddwl oedd o? Ond es i'n syth i'r gegin i chwilio am y tegell. Roedd o rywle o dan y llestri budr. Do'n i ddim wedi golchi llestri chwaith. Roedd rhaid i mi olchi dwy gwpan cyn gwneud y coffi. Daeth Andrew i mewn y tu ôl i mi.

'Ydw, dw i'n slob!' meddwn i, cyn iddo fo agor ei geg. 'Merched diflas sy'n byw mewn tai taclus.' Ond

---

sgleinio   to shine   *cylchgronau (ll)*   magazines
arddwrn (eb)   wrist

60

roedd o wedi agor y cwpwrdd dan y sinc, ac yn chwilio am fagiau plastig.

'Nac wyt, Blodwen, dwyt ti ddim yn slob. Tyrd. Helpa fi.' Roedd o'n estyn bag *Tescos* i mi.

'Dy helpu i wneud beth?'

'Glanhau!' Ac aeth o yn ôl i'r ystafell fyw, a dechrau rhoi papurau a chaniau mewn bag. 'Paned wedyn.Tyrd!'

Ro'n i eisiau gweiddi, eisiau dweud wrtho fo am adael. Ond es i i mewn i'r ystafell fyw a dechrau clirio. Wedyn, golchais i'r llestri, tra oedd o'n hwfro. Eisteddodd HRH ar ben y teledu. Oedd hi'n gwenu?

Ar ôl tri chwarter awr, roedd y tŷ'n edrych bron yn normal eto, ac roedd y *wheelie-bin* yn llawn.

'Iawn,' meddai Andrew, 'dw i'n mynd i olchi llawr y gegin a gwneud y coffi ac rwyt ti'n mynd i gael bàth!'

'Ond -'

'Bàth, Blodwen, a golcha dy wallt.' Es i i mewn i'r ystafell ymolchi a rhedeg y bàth – a chloi'r drws.

Des i allan, efo tywel am fy mhen. Roedd Andrew yn eistedd ar y soffa a chwpanaid o goffi yn ei law, yn gwylio'r teledu.

'Dw i'n lân,' meddwn i.

'Dw i'n falch,' meddai fo, a dechrau tywallt paned i mi o'r *cafetière*. 'Posh,' meddai fo. Roedd o'n sôn am y *cafetière*.

'Anrheg pen-blwydd gan Mam,' meddwn i. Eisteddais i ar y gadair. Do'n i ddim eisiau eistedd efo fo ar y soffa. 'Mae dy acen di wedi gwella,' meddwn i. Roedd yr acen *Brummy* bron wedi mynd.

---

estyn   to pass   *tywallt*   to pour

'Diolch, siarad â'r bois yn y George, mae'n siŵr.'

'Mae'n siŵr.'

Roedd saib hir. Dechreuais i gribo fy ngwallt.

'Wel?' gofynnodd Andrew ar ôl saib arall.

'Wel beth?' gofynnais i.

'Beth sy'n bod, Blodwen?'

'Dim. Dw i wedi bod yn sâl.'

'Beth? Ffliw? Typhoid? Alcoholic poisoning?'

'Ha ha. Dw i ddim yn gwybod.'

'Pam dwyt ti ddim yn dod i'r gwersi Cymraeg?'

'Dw i wedi bod yn sâl.'

'Blodwen ! Paid â malu cachu.'

'Beth!'

'Malu cachu – bullshit. Dysgodd y bois yn y George o i mi.'

'Ddim Llew.'

'Na. Dydi o ddim wedi bod yn y gwersi chwaith. Merch o'r enw Menna sydd efo ni rŵan.' Edrychais i arno fo mewn sioc. Llew ddim wedi bod yn y gwersi?

'Pam? Ydi o'n sâl?' gofynnais i.

'Dw i ddim yn gwybod. Roedd Brenda'n meddwl eich bod chi wedi rhedeg i ffwrdd.'

'Pwy? Llew a fi?'

'Ie.'

'Pam roedd hi'n meddwl hynny?'

'Dw i ddim yn gwybod. Wyt ti?' Yfais i fy nghoffi yn araf, i gael amser i feddwl.

'Dw i ddim wedi gweld Llew ers y cinio,' meddwn i'n dawel.

'Pam? Yn yr ardd – wnaeth o ymosod arnat ti?' Roedd llygaid Andrew'n fflachio.

---

fflachio   to flash

'Naddo! Paid â bod yn wirion.'

'Ond digwyddodd rhywbeth.'

'Do.'

'Wyt ti isio dweud?'

'Nac ydw.'

Saib arall.

'Mae'r dosbarth yn dy golli di Blodwen,' meddai Andrew.

'Dw i'n siŵr.'

'Na, mae'n wir. Tyrd nos Fercher. Mae Menna'n dda iawn. Ifanc, tlws.'

'Wyt ti'n ei ffansïo hi?'

'Efallai!' Roedd hi'n anodd peidio â chwerthin. Roedd o'n edrych fel bachgen drwg. Dechreuodd o chwerthin hefyd. 'Dyna ni,' meddai fo wedyn, 'rwyt ti'n edrych yn well pan wyt ti'n chwerthin.'

Cawson ni sgwrs dda am awr arall. Gwnes i addo dod i'r wers nos Fercher. Gwnaeth o addo gweld Blodeuwedd cyn iddi hi fynd. Mae o'n hoffi geifr. Roedd ei daid yn ffermwr yn ardal Amwythig.

Agorais i'r drws iddo fo.

'Diolch, Andrew,' meddwn i.

'Croeso,' meddai fo a gwenu. Am eiliad, ro'n i'n meddwl ei fod o'n mynd i roi cusan i mi, ond wnaeth o ddim. 'Wela i di nos Fercher. Nos da, Blodwen.'

'Nos da.' Caeais i'r drws, a chlywais i sŵn mewian o'r gegin. Roedd HRH wedi dal llygoden arall.

---

colli	to miss	*taid (GC) (eg)*	*tad-cu* (DC)
addo (addaw-)	to promise	*Amwythig*	Shrewsbury

Mawrth 15eg Nos Fawrth

Deffrais i'n gynnar am saith o'r gloch, yn teimlo'n effro iawn. Doedd hi ddim yn bwrw glaw. Gwnes i frecwast da, sudd oren, wy wedi'i ferwi, a thost. Rhoais i ddillad i olchi yn y peiriant, a smwddiais i grys glân i fynd i'r gwaith. Rhoais i'r creision i Blodeuwedd a'r paflofa i HRH.

Yn y gwaith, ro'n i'n gwenu ar bawb. Roedd Mr Edwards wrth ei fodd.

'Dw i'n falch iawn o dy weld di'n ôl, Blodwen! Dydi hi ddim yr un peth hebddot ti.'

Roedd hyd yn oed Gwen yn edrych yn llai blin nag arfer.

'Wyt ti'n well?' gofynnodd hi. Edrychais i arni hi'n syn. Cymraeg? 'Mae fy chwaer wedi cael y bỳg hefyd. Mae'n beth cas.' Oedd, roedd hi'n siarad Cymraeg â fi. Gwyrth! Ond yn y prynhawn, deallais i pam roedd hi mor neis wrtha i. Roedd hi eisiau mynd i siopa ddydd Iau, ac roedd hi eisiau i mi weithio yn ei lle hi.

Ffoniodd Mam heno, roedd hi eisiau gwybod pam ro'n i heb ffonio.

'Dw i wedi bod yn brysur,' meddwn i. Doedd hi ddim yn hapus, roedd hi'n siŵr fy mod i'n gweithio gormod. O'n i'n cymryd *Cod Liver Oil* bob dydd? O'n i'n bwyta'n iach? O'n i'n cael digon o gwsg? Mae hi'n mynd i'r gwely am 9.30 bob nos ac yn deffro am 6.00 i wneud ei yoga. Dw i ddim yn hoffi yoga. Gwnes i ei drio fo unwaith, pan o'n i tua phump ar hugain, ond

---

effro	awake	*gwyrth (eb)*	miracle

roedd o mor ddiflas, ac roedd o'n brifo fy mhen-gliniau. Mae'n well gen i gerdded i gadw'n heini. Sylweddolais i fy mod i heb gerdded ers dyddiau, felly heno es i am dro i fyny'r mynydd. Erbyn hanner ffordd, ro'n i'n pwffian yn ofnadwy. Dw i ddim yn heini.

Dw i'n mynd i'r wers Gymraeg fory. Help.

Mawrth 16eg Nos Fercher
Roedd y wers yn iawn. Roedd pawb yn falch fy mod i'n ôl ac ro'n nhw wedi bod yn poeni amdana i. Mae Menna yn ferch neis iawn, yn fywiog a hapus. Mae hi hefyd yn ddel iawn, ond dwedodd hi ei bod hi'n priodi fis Mai. Edrychais i ar Andrew. Cododd o ei ysgwyddau a gwenu. Rhy hwyr! O wel.

Gofynnodd Brenda oedd Llew yn dod yn ôl. Doedd Menna ddim yn gwybod, ond addawodd hi ffonio'r coleg.

'Wyt ti'n dod i'r George?' gofynnodd Andrew i mi ar ddiwedd y wers.

'Dw i ddim yn meddwl,' meddwn i.

'Tyrd!' meddai Jean, ''dan ni i gyd yn mynd.' Doedd gen i ddim dewis.

Roedd y dafarn yn llawn, a'r jiwcbocs yn llawer rhy uchel. Ydw i'n mynd yn hen, neu ydw i wedi byw ar fy mhen fy hunan yn rhy hir? Mae sŵn yn mynd ar fy nerfau yn ddiweddar. Roedd grŵp o blant ysgol gynradd yn y Llyfrgell heddiw, yn gweiddi a rhedeg.

pen-gliniau (ll)	knees	*bywiog*	lively
cadw'n heini	to keep fit	*plant ysgol*	primary school
sylweddoli	to realise	*gynradd (ll)*	children

Ro'n i eisiau gweiddi a rhedeg hefyd – i ffwrdd o'r sŵn. Dw i'n falch mai llyfrgellydd ydw i, ac nid athrawes. Maen nhw'n haeddu medal. Dw i ddim eisiau babi chwaith, ddim ar ôl heddiw.

Beth bynnag, ro'n i yn y George efo'r dosbarth Cymraeg, yn cael peint a sgwrs fach dawel, pan ddaeth Mr Jones, y llyfrgellydd bro, i mewn. Roedd o wedi meddwi. Mr Jones wedi meddwi! Anhygoel. Roedd botymau ei grys wedi agor, a'i dei dros y lle i gyd. Roedd o'n disgyn dros y lle hefyd, ac yn canu rhywbeth am 'Geffyl yn y stabal, yn cicio fel y diawl . . .' Dw i ddim yn siŵr beth oedd y geiriau wedyn. Daeth nifer o'i ffrindiau i mewn ac ro'n nhw hefyd wedi meddwi ac yn gweiddi a chanu.

'Beth ydi hyn?' gofynnodd Jean, mewn braw.

'*Stag night* dw i'n meddwl,' atebodd Andrew. 'Ond dw i ddim yn gwybod pwy sy'n priodi.'

'Fi!' meddai dyn bach gwallt coch, a disgyn ar y llawr efo gwên ar ei wyneb. Daeth Mr Jones ato fo i geisio ei godi. Gafaelodd o dan ei geseiliau a'i godi tipyn, ond cododd o ei lygaid a fy ngweld i wrth y bwrdd.

'Blodwen!' Gollyngodd o'r priodfab i lawr â chlec. Wnaeth hwnnw ddim sylwi. 'Hei! *Wonderwoman*! Beth rwyt ti'n wneud yma?' Trodd pawb i edrych arna i. Ceisiais i wenu.

'Peint tawel efo'r dosbarth Cymraeg.'

'Y dosbarth Cymraeg ! Wel wel! Hello! How are you all? Fine? Good, good. Hei – Blod, cariad, paid â

haeddu	to deserve	*dan ei geseiliau*	under his armpits
anhygoel	amazing	*priodfab (eg)*	groom
braw (eg)	fright	*clec (eb)*	bang

f'arestio i am fod yn drunk and disorderly! Dim citizen's arrest heno plîs ! Haaaa ha haaa! She's a hell of a woman, our Blod, you know.' Roedd pawb yn edrych ar eu traed, ro'n i eisiau marw. 'Hei, Blod, wyt ti'n nabod fy nghefnder? Mae o'n dysgu Cymraeg . . . tyrd.' Gafaelodd o yn fy llaw a fy llusgo allan o'r gadair. Yna llusgodd o fi i'r bar cefn.

'Dyma fo!' meddai Mr Jones. 'Llew, dyma Blodwen, uffar o ferch!' Trodd Llew aton ni. Cafodd o sioc. Bron cymaint o sioc â fi.

'Helô,' meddai fo'n ddryslyd. Ceisiais i ddweud helô yn ôl.

'Dach chi'n nabod eich gilydd?' gofynnodd Mr Jones. Es i'n goch, a phesychu wnaeth Llew. Yn anffodus, doedd Mr Jones ddim yn rhy feddw i sylwi. 'Hei . . . howld on . . . ddim hon ydi'r un wnaeth chwydu dros dy siwt di? Haaaaaa Haaaaaaa! Hei – hogia! Dach chi'n cofio Llew yn sôn am gael snog efo rhyw-'

Chlywais i ddim mwy. Ro'n i wedi mynd, yn rhedeg adre. Dw i wedi bod yn crio ers hanner awr. Pam? Pam wnaeth Llew ddweud wrth bawb?

Mawrth 17eg Nos Iau
Ro'n i newydd orffen sgwennu hwn neithiwr, pan glywais i gnoc ar y drws. Andrew, meddyliais i, yn poeni amdana i, mae'n siŵr. Chwarae teg. Agorais i'r drws. Llew. Wedi meddwi. Edrychais i arno fo am eiliad cyn cau'r drws yn ei wyneb.

---

cefnder (eg)	male cousin	*uffar o ferch!*	a hell of a girl!
llusgo	to drag		

67

'Blodwen?' galwodd o drwy'r blwch llythyrau. 'Mae'n ddrwg gen i – gad fi i mewn. Dw i isio egluro.'

' Dos i grafu,' meddwn i, 'y diawl trist.'

Gadewais i iddo fo weiddi a galw drwy'r drws am chwarter awr. Roedd o'n bathetig. Ond yn y diwedd, agorais i'r drws.

'Pum munud,' meddwn i, 'a dim mwy.'

'Pum munud i egluro?' gofynnodd o.

'Ie. Pedwar munud, pum deg eiliad rŵan.'

'Allan fan hyn?'

'Ie.'

'Rwyt ti'n gas.'

'Dw i'n gas? Fi? Ti sydd wedi agor dy geg! Ti sydd wedi dweud wrth bawb – a fy mòs i! Pedwar munud, deg eiliad!'

'Dy fòs di?'

'Ie – Mr Jones – y llyfrgellydd bro.'

'O ie. Tosser. Mae'n ddrwg gen i. Hic.'

'Ym . . . Tosser?'

'Ie, dyna ro'n ni'n ei alw fo yn y coleg.'

'Pam?'

'Dwyt ti ddim isio gwybod. Plis gaf fi ddod i mewn? Dw i mor oer.' Gadewais i o i mewn. 'Dyna welliant.'

'Pam wnest ti ddim mynd i'r gwersi Cymraeg wedyn?' gofynnais i.

'Ffoniodd fy nghyn-wraig y bore ar ôl y cinio – problemau efo Bleddyn. Dw i wedi bod yno efo nhw, a dim ond ddoe des i'n ôl.'

'Pa broblemau?'

---

blwch llythyrau (eg)   letter-box   *dyna welliant (eg)*   that's better
gad fi i mewn   let me in

'Mae o wedi bod yn bwlio plant eraill yn yr ysgol.'
Ha! Dw i ddim yn synnu. Brat. 'Mae'r seicolegydd –
psychologist- plant yn dweud mai effaith yr ysgariad
sy'n gyfrifol.'

'Felly wyt ti'n mynd yn ôl i chwarae *Happy
Families*?

'Nac ydw. Mae'r berthynas drosodd. Hic. Ond mae
Bleddyn yn fab i mi.'

'Ddwedaist ti wrtho fo hefyd?'

'Dweud beth?'

'Am dy siwt *Armani* a'r moron!'

'Naddo! Gwranda, wedi meddwi o'n i.'

'Pan ddwedaist ti wrth dy ffrindiau neu pan gusanaist
ti fi?'

'Pan ddwedais i wrth fy ffrindiau. Do'n i ddim wedi
meddwi pan gusanais i ti, a dw i isio dy gusanu di eto.'
Waw. Do'n i ddim yn siŵr beth i'w ddweud.

'Wyt ti?'

'Ydw.'

'Hy. Dim ond achos dy fod ti wedi meddwi.'

'O, Mam fach! Tyrd yma'r ferch wirion.' Gafaelodd o
yn fy mreichiau, a fy nhynnu i ato fo. Edrychodd o i
mewn i fy llygaid a rhoi cusan hir i mi. Roedd blas
cwrw arno fo, ond doedd dim ots gen i. Ro'n i'n
hedfan. A do, arhosodd o'r noson efo fi. Cysgon ni
efo'n gilydd!

Ond yn anffodus, dyna'r cwbl ddigwyddodd: cysgodd
o'n sownd efo fi – drwy'r nos. Dechreuodd pethau yn

---

bwlio	to bully	*perthynas (eb)*	relationship
cyfrifol	responsible	*drosodd*	over

addawol iawn, ond pan sylwais i fod HRH yn y llofft efo ni, es i â hi allan. Pan ddes i'n ôl, roedd Llew yn cysgu fel babi. O wel, bydd yn effro iawn yn y bore, meddyliais i. Ond roedd gynno fo gur pen. Roedd o'n well ar ôl brecwast. Ac mae o am ddod draw heno hefyd! Dw i'n meddwl fy mod i mewn cariad.

Mawrth 18fed Bore Gwener

Daeth o yma am chwech o'r gloch neithiwr, a ches i gusan ar fy moch. Ro'n i wedi gobeithio cael snog fawr hir, nwydwyllt (un o'r geiriau Cymraeg am 'passionate' – nwyd= 'lust', wyllt= 'wild' Lust-wild . . . gair bendigedig!)

Ond mae cusan ar y foch yn well na dim. Gwnes i baned i ni'n dau. Yna edrychodd o arna i'n swil.
   'Blodwen . . .?'
   'Ia?'
   'Ydi o'n iawn i mi gysgu 'ma eto heno?'
   'Ydi, wrth gwrs.'
   'Diolch. (saib) Blodwen . . .?'
   'Ia?'
   'Dw i'n addo ym . . . rhoi mwy o sylw – attention – i ti . . . heno.' Gwenais i arno fo a gwenodd o arna i. ('Dyma ni!' meddyliais i, 'mae o'n mynd i gael rhyw nwydwyllt, gwallgof efo fi ar y soffa – rŵan!') Ond na. Cododd o ei lygaid yn swil, a gofyn:

---

addawol	promising	*boch (eb)*	cheek
cur pen (GC)	*pen tost* (DC)	*gwallgof*	mad
dod draw	to come over		

'Dw i'n gwybod bod hyn yn swnio'n ofnadwy, a faswn i byth yn gofyn, ond, mae'n argyfwng – crisis – argyfwng.'

'Beth?'

'Allwn i ddim peidio â sylwi y bore 'ma bod gen ti beiriant golchi dillad.'

'Ie, oes . . .'

'Mae f'un i wedi torri. Wyt ti'n meddwl . . .?'

'O! Wrth gwrs, tyrd â dy ddillad 'ma fory.' (Ond am rŵan, tyrd ata fi, cymera fi, fachgen mawr. Dyna ydi 'Take me, big boy?')

'Wel, a dweud y gwir, maen nhw yn y car. Af i i'w nôl nhw?'

'O. Ocê, iawn.' A diflannodd o drwy'r drws. Efallai fy mod i wedi gwylio gormod o ffilmiau, a darllen gormod o lyfrau. Efallai bod bywyd go iawn yn wahanol.

Daeth o yn ôl efo dau fag mawr du, llawn.

'Dyma ni!' meddai fo, a'u gollwng ar y llawr o fy mlaen i. 'Reit te,' meddai fo wedyn, 'Oes gen ti *remote control* ar y teledu 'ma?' Roedd o'n eistedd yn gyfforddus ar y soffa. Edrychais i arno fo. Blinciais i. Edrychais i ar y bagiau dillad. Roedd o'n disgwyl i mi eu rhoi nhw yn y peiriant. Iawn. Os ydw i eisiau dyn yn fy mywyd, rhaid golchi ei ddillad. Roedd Mam bob amser yn golchi dillad Dad wedi'r cwbl. Tynnais i rywbeth du allan o'r bag. Pâr o drôns. O ych a fi. Ond, roedd rhywbeth yn braf, rhywbeth mor 'earth mother-aidd' am olchi dillad budr dyn – fy nyn i. Golchais i'r

---

bywyd go iawn	real life	*wedi'r cwbl*	after all
cyfforddus	comfortable	*pâr o drôns (GC)*	pair of underpants
disgwyl	to expect		

cwbl, a'u rhoi ar y lein i sychu. Yna coginiais i swper i
ni'n dau – stêc – ac agor potelaid o win.

'Bendigedig!' meddai Llew, wrth orffen ei bwdin.
Gwenais i arno fo. Roedd y gwin wedi gwneud i mi
deimlo'n gynnes iawn. Pwy oedd yn mynd i wneud y
symudiad cynta? Cododd Llew ar ei draed – ac aeth at y
soffa a rhoi'r teledu ymlaen. O. Felly codais i hefyd ac
eistedd wrth ei ochr. Rhoddodd o ei fraich am fy
ysgwydd, a newid sianeli efo'r llaw arall. Rhoais i fy
mhen ar ei ysgwydd. Ro'n i ei eisiau fo.

Ond ddigwyddodd dim byd. Ar ôl awr, roedd fy
ngwddw'n stiff iawn, ac ro'n i wedi blino.

'Wel,' meddwn i, 'Dw i'n mynd i'r gwely.' Hint, hint.

'Iawn', meddai fo, 'Nos da. Bydda i yno ar ddiwedd
y rhaglen hon.'

Wnes i ddim cysgu. O'r diwedd, daeth o i'r llofft.
Tynnodd o ei ddillad. Roedd gynno fo fol mwy nag o'n
i wedi'i ddisgwyl. Daeth o i mewn i'r gwely.

Ac o'r diwedd – digwyddodd o! Ond ar ôl pum
munud, stopiodd o a throdd Llew ei gefn ata i.

'Hyfryd,' meddai fo, 'diolch. Nos da.' A dechreuodd
o chwyrnu – yn uchel.

Wnes i ddim cysgu llawer. Y bore 'ma, cododd Llew'n
gynnar, gorffennodd o fy *Crunchy Nut Cornflakes* i
gyd, a chusanodd o fy nhalcen.

'Ffonia i di,' meddai fo, 'ble mae fy nillad?'

'Ar y lein,' meddwn i.

'Iawn, hwyl.' Ac aeth o allan. Ond ar ôl pum munud,
clywais i weiddi mawr. Rhedais i allan i'r ardd. Roedd
ei ddillad ar y lein, ond roedd Blodeuwedd wedi bwyta

---

symudiad (eg)   move   *chwyrnu*   to snore

72

hanner ei dŵfe, a'i liain, ac wedi dechrau cnoi ei drowsus cordyrói du. Rhoddodd o gic i Blodeuwedd druan.

'Hei!' gwaeddais i. 'Beth rwyt ti'n wneud?'

'Mae hi wedi bwyta fy nillad!' protestiodd o.

'Fy mai i ydi hynny,' meddwn i'n flin. 'Wyt ti'n mynd i roi cic i mi hefyd?'

Cawson ni ffrae. A dw i'n falch. Dw i'n deall pam mae ei wraig wedi ei adael o.

Mawrth 19eg Nos Sadwrn

Dw i wedi gweld y goleuni! Mae o mor amlwg. Andrew ydi'r dyn i mi! Andrew annwyl, caredig a digri. Fyddai fo byth yn rhoi cic i afr. A nos Lun, ar ôl y wers Gymraeg, dw i'n mynd i ddweud wrtho fo. Dw i mor hapus. Sut o'n i'n gallu bod mor wirion?

Mawrth 21ain Nos Lun

Wel. Ar ôl y wers, gofynnais i Andrew a oedd o eisiau dod i'r George – roedd gen i rywbeth i'w ddweud wrtho fo.

'Iawn,' atebodd o. 'Ro'n i isio siarad â ti beth bynnag.'

'Eureka!' meddyliais i – 'mae o fy isio fi hefyd!'

---

lliain (eg)	sheet	*ffrae (eb)*	argument
bai (eg)	fault	*goleuni (eg)*	light

Fo aeth at y bar. Roedd o mor ddel. Ro'n i wedi bod yn ei wylio drwy'r wers. Daeth o yn ôl efo gwên fawr ar ei wyneb.

'Wel,' meddai fo. 'Pwy sy'n dweud gynta?'

'Ti,' meddwn i.

'Iawn,' meddai fo,' Dw i mewn cariad.' O, Andrew!

'A fi,' meddwn i'n hapus.

'Wyt ti ? Dw i mor falch!'

'A fi.'

'Ac mae hi mewn cariad efo fi. Felly fydd hi ddim yn priodi fis Mai.'

'Sori? Pwy?'

'Menna! Pam? Do't ti ddim wedi sylwi ein bod ni wedi diflannu nos Fercher?'

'Nos Fercher? Nac o'n.' Dyna pryd daeth Llew i'r tŷ.

'Ro'n ni'n dau wedi syrthio mewn cariad yn syth. Roedd o fel ffilm!'

'Rhamantus iawn . . .'

'Bendigedig. Bydd hi yma cyn hir. Beth amdanat ti? Pwy ydi'r dyn lwcus?'

'O, dwyt ti ddim yn ei nabod o.' Edrychais i ar fy wats. 'Wps! Dw i newydd gofio – mae o'n disgwyl amdana i – mae rhaid i mi fynd. Gwela i di nos Fercher. Llongyfarchiadau. I ti – ac iddi hi. Dw i mor hapus. Nos da.'

Ro'n i wedi mynd cyn iddo fo ddweud dim. Es i adre'n araf. Ro'n i mor dwp. Dyna pam roedd Cymraeg Andrew wedi gwella mor gyflym.

Wel. Dyna ni. Mae bywyd yn gachu. A dydd Iau, mae Mr Tyler yn dod i nôl Blodeuwedd. Dw i wedi colli pawb.

Mawrth 23ain Nos Fawrth

Ydi'r Foreign Legion yn cymryd merched?

Mawrth 24ain Nos Fercher

Mae Andrew a Menna wedi dyweddïo. Roedd hi'n dangos ei modrwy i bawb yn y wers heno. Ro'n i eisiau chwydu. Ond maen nhw'n edrych mor hapus. Mae popeth wedi digwydd braidd yn sydyn, ond mae'r gwesty ro'n nhw wedi logi at y briodas wedi troi'n gas. Felly bydd Menna yn priodi fis Mai wedi'r cwbl – ond efo dyn gwahanol. Cyfleus iawn.

Es i i'r George efo pawb arall. Pam lai? Ro'n i eisiau boddi fy mhroblemau.

Ro'n i wrth y bar, yn sôn wrth Jean bod Mr Tyler yn dod i nôl Blodeuwedd fory, pan glywais i rywun yn pesychu y tu ôl i mi. Troais i i edrych. Dyn ifanc, tal, efo llygaid glas oedd yno.

'Esgusodwch fi,' meddai fo, 'Do'n i ddim yn gallu peidio â chlywed. Mae ganddoch chi afr?'

'Oes, ond mae fy ngardd yn rhy fach, ac mae hi'n dianc drwy'r ffens o hyd.'

'Chi sy'n byw yn Rose Cottage?'

'Ie, ond dw i isio ei newid i "Y Bwthyn".'

'Llawer gwell.'

'Ydi.' Roedd gynno fo lygaid hyfryd.

'Hywel ydw i – mab y fferm dros y cae i chi.'

'Tŷ'n Twll?'

'Ie. Dyna chi.'

'Ond dw i erioed wedi eich gweld chi o'r blaen.'

---

wedi dyweddïo	engaged	*llogi*	to hire
modrwy (eb)	ring	*cyfleus*	convenient

'Dw i newydd ddod yn ôl o Awstralia a Seland Newydd. Roedd Dad wedi gadael i mi deithio am ddwy flynedd, ond dw i'n ôl adre rŵan – am byth.' Awstralia? Dyna pam mae o mor frown, a'i wallt mor felyn, a'i lygaid mor, mor las . . . Estynnais i fy llaw.

'Helô Hywel.'

'Helô – ym?'

'Blodwen. Blodwen Jones.' Roedd ei law yn gryf a chynnes, a'i lygaid yn anhygoel o las.

'Neis iawn dy gyfarfod di, Blodwen. Meddwl o'n i – mae'r ffens o gwmpas y cae rhwng dy ardd di a'n tŷ ni'n gryf iawn.

'Ydi hi?'

'O ydi, a dw i'n siŵr y basen ni'n gallu gadael i – Blodeuwedd – bori yn y cae efo'r defaid.'

'Basai hynny'n wych! Dach chi'n siŵr?'

'Ydw. Beth am i mi alw draw un noson i drafod y peth?' Roedd ei lygaid fel dau fagned. Gwenodd o arna i. Gwenais i yn ôl.

'Galw draw? Iawn, a chroeso. Dach chi'n hoffi gwin?'

'O ydw. A galwa fi'n 'ti' . . .'

Mawrth 25ain Nos Iau

Mae o'n galw draw nos fory.

Hywel a Blodwen. Mae'n swnio'n berffaith.

· Dw i'n meddwl bod bywyd Blodwen Jones yn gwella . . .

---

magned (eg)   magnet

NODIADAU

Mae'r rhifau mewn cromfachau (*brackets*) yn cyfeirio at (*refer to*) rif y tudalennau yn y llyfr.

Tafodiaith ogleddol

• Mae cymeriadau'r nofel yn dod o Ogledd Cymru ac felly maen nhw'n defnyddio tafodiaith y Gogledd wrth siarad. Mae (GC) yn ymyl gair yn dynodi (*denote*) bod y gair hwnnw'n air gogleddol. Mae (DC) yn ymyl geiriau o'r De.

• Un o'r gwahaniaethau amlwg (*obvious differences*), yw mai'r gair Cymraeg am y Saesneg 'he' yw 'fo' yn y Gogledd a 'fe' yn y De.

• Gwelwch chi'r ffurfiau amser presennol isod yn y nofel:

ydi (ydy)/dydi (dydy)	Dydi hi erioed wedi dal llygoden o'r blaen. (20)
	She has never caught a mouse before.
dan ni (dyn ni)	. . . a dan ni ddim yn gwybod sut (22)
	. . . and we don't know how.
dach chi (dych chi)	'Dach chi ddim yn dda iawn, nac ydach?' (37)
	'You're not very good, are you?

1. Gan

Yn yr iaith ffurfiol ac yn iaith y Gogledd, yr arddodiad 'gan' sy'n dynodi meddiant (*denotes possession*):

Iaith y De	Iaith y Gogledd
Mae car 'da fi	Mae gen i gar

Y ffurfiau sy'n cael eu defnyddio yn y nofel hon yw:

gen i	gynnon ni
gen ti	gynnoch chi
gynno fo	gynnyn nhw
gynni hi	

Ond yn y diwedd, roedd gan y ddau gerdyn llyfrgell. (38)
But in the end, both had a library card.

Roedd gen i Gymraeg gwell na'r dyn ifanc yma! (27)
I had better Welsh than this young man!

Roedd gynno fo chwech o fyn geifr mewn cae wrth y tŷ (13)
He had six kids in a field by the house.

Roedd gynnon ni bum munud i baratoi, ac wedyn ro'n ni'n gorfod actio'r sefyllfa! (46)
We had five minutes to prepare, and then we had to act the situation!

'Oes gynnoch chi rywbeth ar agriculture?' (26)
'Have you anything on agriculture?'

Gall 'gan' hefyd gyfleu (*convey*) yr ystyr 'oddi wrth':
'O,' meddwn i, 'gan bwy?' (18)
'Oh,' I said, 'from whom?'

'Anrheg pen-blwydd gan Mam,' meddwn i.(61)
'A birthday present from Mum,' I said.

2. Meddai *said*
Mae 'meddai' yn cael ei ddefnyddio ar ôl geiriau sy'n cael eu dyfynnu (*quoted*):

'Hei!' meddai hi'n flin, 'fi oedd yn eistedd fan na!'(51)
'Hey!' she said angrily, 'I was sitting there!'

'Andrew,' meddwn i yn fy llais Prifathrawes, 'dw i ddim yn mynd i siarad Saesneg â ti!' (19)
'Andrew,' I said in my Headmistresses's voice, 'I'm not going to speak English with you!'

3. Amodol (*conditional*)
Mae gan y berfenw 'bod' lawer o wahanol ffurfiau yn yr amodol. Dyma ffurfiau'r nofel hon:

Baswn i (*I would be*)	Basen ni
Baset ti	Basech chi
Basai fo/hi	Basen nhw

'Dw i'n gwybod bod hyn yn swnio'n ofnadwy, a faswn i byth yn gofyn, ond, mae'n argyfwng . . .' (71)
I know that this sounds awful, and I wouldn't ask, but, it is a crisis . . .

Ond mae gen i wallt cyrliog, efallai y basai ei fysedd o'n mynd yn sownd. (35)
But I've got curly hair, perhaps his fingers would get stuck.

Roedd Llew wedi penderfynu y basen ni'n sgwennu ein barddoniaeth ein hunain! (23)
Llew had decided that we would write our own poetry!

Neu, os ydi rhywun yn gwenu, mae pawb yn gwybod y basen nhw'n crio erbyn yr wythnos nesa. (32)
Or, if someone smiles, everyone knows that they will be crying by next week.

Taswn i	*(If I were)*	Tasen ni	
Taset ti		Tasech chi	
Tasai fo/hi		Tasen nhw	

. . . heb iddo fo swnio fel taswn i'n gofyn iddo fo ddod allan efo fi?' (15)
'. . . without it sounding as if I were asking him to come out with me.'

Edrychodd H arna i fel tasai hi'n dweud . . . (20)
H looked at me as if she were saying . . .

Hefyd yng nghyfres Blodwen Jones:

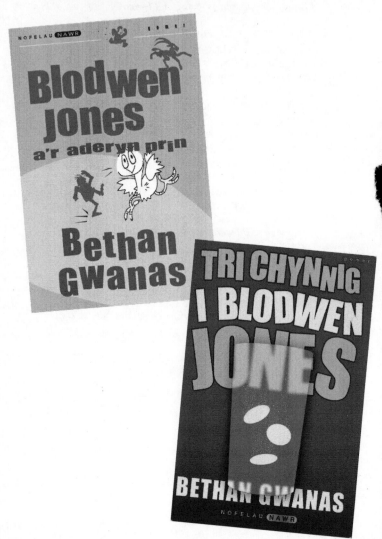